会走路的钱

(上)

（简体大字版）

MONEY WALKS

(PART I)

（Large Print）

Money Walks

会走路的钱

A true story of an average income family that has made
ten million dollars in ten years through investments...

普通家庭十年一千万美元理财实录

Bayfamily

贝版

旧金山，加利福尼亚州，美国

San Francisco, California，USA

2020

Money walks: A true story of an average income family that has made ten million dollars in ten years through investments...

First Printing: Jan 2020

ISBN 978-1-79486-219-7

Total number of Chinese characters: 140,806 (Part I)

Proofread and Editing: Hong Hong, Amy Bai, HenryMa

Publisher is identified as the owner of the email address bayfamily2020@gmail.com

San Francisco, California, USA

The author and the owner of this book can be reach at bayfamily2020@gmail.com

Author's blog is https://blog.wenxuecity.com/myoverview/23244/

Author's WeChat ID is: key-east

Special discounts are available on quantity purchases by corporations, associations, educators, and others. For details, contact the publisher at the above listed address.

献给我的家人

To my family

目录

前言   1

第一章 节俭是一种美德   11

第二章 存 1/3 的收入   27

第三章 从 0 到 1 万美元   45

第四章 从 1 到 10 万美元   81

第五章 从 10 到 100 万美元   103

第六章 会走路的钱   147

第七章 懒人理财法   177

第八章 勤快人理财法   193

The author, Bayfamily, was the forum moderator of Investment BBS on Wenxuecity.com, a popular Chinese American social website. Since 2005, he has published a series of blogs on investment and personal finance, and he has attracted millions of page viewers. In 2006, he posted a blog on this investment forum about his goal to make ten million dollars in ten years by investing. He named his plan "Ten Million in Ten Years Investment Plan for an Average Income Family." Since then, he has published his investment activities and financial records every year for 11 years, and eventually he achieved his goal and made ten million in 2018; a total of eleven and a half years, which is a bit longer than the planned 10 years. This book is a memoir and a record of his efforts to fulfill his ten-million-dollar goal. The book includes details of all of his investment activities, how he prepared himself, how he accumulated capital, how he found investment opportunities, and most importantly, the failures and hard lessons learned throughout the process.

Bayfamily came to the US in 1997 with only 200 dollars in his pocket as a PhD student in engineering. With his student stipend and interning income, he saved up ten thousand dollars in two years. Afterwards, he moved to the San Francisco Bay Area where he and his family only earned the average income. However, they made their first one hundred thousand in two years, and one million dollars in six years, all though saving and investments. This book is organized in four sections to describe this investment history: from zero to ten thousand dollars, ten thousand to a hundred thousand dollars, a hundred thousand to a million dollars, and finally, from a million to ten million dollars. The wealth accumulated in each section is one level of magnate higher than before.

After the 2008 financial crisis, Bayfamily graduated from a top MBA in the US and worked in a famous investment bank. During the last ten years, most of his wealth has accumulated through three investment activities: investment in the real estate market in China, bought Bay Area real estate at the market downturn in 2010, and holding Bitcoin since 2016.

Under his "Money Walks" theory, a good investor should understand their own personality first before investing, whether they are a "lazy man" or a "diligent man". In an efficient competitive market, investors should use the "lazy man" investment strategy; in an inefficient competitive market, they should use the "diligent man" investment strategy. In terms of saving, Bayfamily believes diligent work and a simple life are virtues. An extravagant and exorbitant lifestyle is wasteful. People can always save one third of their money, no matter what income level. This is simply because those who earn one third less than you are still living with a similar quality of life.

On his first day in the US, he was taught five simple rules on personal finance, which was passed down by generations of new Chinese Americans immigrants. The rules of saving money are: keep a good credit score, avoid loans and excessive consumption, avoid legal disputes, fix and repair stuff yourself, and stay fit and healthy. This book "Money Walks" uses the author's own life experiences as an example to describe all these rules and principles.

摘要

钱是会走路的，即使你把钱压在箱子里，抱在被窝里，换成金银股票放在保险柜里，都挡不住钱会像长脚一样走来走去。投资理财，就是要专找那些别人看不见，正在走路的钱。

BAYFAMILY(贝版）曾是北美文学城投资理财论坛的版主，从 2006 年开始陆陆续续发表投资理财的博客文章，累计阅读人数超过数百万。贝版 2006 年因为提出"普通家庭十年一千万美元理财计划"而引发热议，该计划于 2018 年最终实现。本书用纪实的方式记录了贝版实现该投资计划的每一步细节，涵盖他对市场趋势的判断，积累资本的方式，和每一笔投资交易的细节与心态历程，当然也包括众多失败的经验教训。全文按照 0-1 万，1 万-10 万，10 万-100 万，100 万-1000 万美元四个数量级的增长历程，把他投资的经历原汁原味地呈现给读者。

贝版记录了美国老中代代传下来的五条理财真经：提高信用分数、避免超前消费、开二手车、亲自维修、不打官司多运动。这本书现身说法证明你总是可以存三分之一的收入的，因为那些比你少挣三分之一的人的生活质量不比你差很多。这世上，没有人可能比你自己对自己的钱更加上心，不要指望任何人能够管好你的钱。

2007-2018 年投资理财贝版做了三件事：投资中国房地产，次贷危机湾区抄底，持有比特币。贝版投资的核心理念就是"会走路的钱"。在充分效率的市场，用懒人投资法；在非充分效率的市场，用勤快人投资法。投资要跟着屌丝年轻人走，你只需要比新钱抢先一步，永远不要和旧钱拼体力。

本书为全文的上册。记录了从 0 到第一个 100 万美元的成长历史，以及投资心得。

前言

每一代人都有记录每一代人故事的义务。我这本书也是分享我这一代人的故事，或者更严格地说，是我和钱的故事。

钱其实跟我们的生活息息相关，我们生活中很大一部分时间都在想和做与钱有关的事情。不但是我们个体在想钱的事情，各种组织机构也都在想钱的事情。可我们又非常羞于谈钱，我们不愿意告诉他人我们有多少钱，我们也不愿意告诉他人我们是怎么挣钱的。大多数关于钱的信息都是封闭的孤岛。虽然我们往往在暗地里互相攀比，猜测他人的挣钱手段。但是我们不愿意讲，我们是怎样投资理财，也不愿意讲我们是怎么消费的，更不会讲我们在钱上犯过的一些愚蠢的错误。

钱对于我们那么重要，但是我们关于钱的知识又是那么的缺乏。大部分人都没有系统地学习过经济学。孩子们在长大成人离开家门之前，父母往往也没有好好教育他们应该如何管理花费，如何投资？

在我这代人的教育过程中，甚至很多人被灌输了大量的常识性错误，比如政治经济学。这些错误概念让我们对社会经济现象失去正确判断。股票投资散户们绝大部分都看不懂公司的财务报表。

所以我想突破一下这个禁忌，用钱作为主题讲一下我们这代人的故事。讲一讲我和我家庭的经历、以及我投资理财的过程和心得体会。

市面上大部分关于财富的故事，都是特别有钱的人的故事。要么是华尔街精英，要么是硅谷新贵。这些故事看着热闹，可是和我们普通人没有多大关系。我的故事是关于一个普通人，一个在美国的普通中产阶级家庭的故事。我的生活和你的生活很接近，我的故事是看得见摸得着的。我在这本书里详细说明了一个普通得不能再普通的中产阶级，如何合理规划支出和消费，如何进行有效的财务管理，如何进行投资实现财富增长的故事。

写这本书的时候我已年近半百，从人生的中点渐渐走下山脉。所以我的故事只是前半生的故事，差不多是从 20 岁到 50 岁之间的故事。后面的故事还是现在进行时。如果后半辈子实现了我的计划，那我 80 岁时接着给大家讲成功和失败的经验教训。

这本书的主要内容是叙述一个 20 世纪 90 年代后期赴美的中国留学生，一穷二白，从口袋里只有 200 美元，一步步迈入美国中产阶级家庭社会，通过投资理财最后实现拥有 1000 万美元财富的故事。

在这本书里，我会把自己财富的增长，按照每 10 倍做个节点，写一个清晰的记录。投资的具体金额和内容一一列举。让你身临其境、尽可能详细地看到整个过程的每一个细节。

写这本书的时候，我尽量避免一些花里胡哨的概念。投资不复杂，其实就是坚持一些基本原则和计划，并持之以恒。我除了每年记账本，还会每年做总结，把写下的心得体会公开发表在投资理财博客上。我把这些心得体会一字不动地附在这本书里面，甚至病句都不改，算是最原始的史料。博客文章有些判断，特别是一厢情愿的设想，现在看来也许是荒谬和错误的。但我还是尊重事实。即使自相矛盾，我也真实地把它们粘贴上去。

没有人是神仙，能够做到神机妙算，我也不是。我们能做的就是控制风险的同时，获得最大的收益。我把我的故事讲给你听，包括我曾经正确的和错误的观点。也许我的观点对，也许不对。重要的是史料真实。投资的对否需要大家自行判断。我从来不敢标榜自己是百分之百正确的。事实上我也不是。如果有什么比普通人稍稍好一点的话，也许就是我试图把握住大的政治和经济趋势。而这一点已经足够给我带来充分的财富。

另外一个让我写这本书的动力是我想把我们这个时代的故事记录下来给后人看。人生是否快乐，除了智商、情商之外就是财商。也许这本书可以帮助我们华人的下一代，提高他们的财商。因为我自己觉得我的财商提高，也有来自他人的贡献。包括直接或者间接地受到了我母亲和父亲的影响，特别是刚到美国的时候，一下飞机就牢牢记住了同学"老宣"给我念叨的美国华人理财真经。

和我同时代来到美国的中国人，严格意义上说，大部分都是经济移民。我们来到美利坚这个土地上，是为了更好的生活，通俗的话就是为了挣更多的钱。这并没有什么可耻和不能承认的。也许后来在美国的生活改变了我们的这个初衷。但 90 年代出国的大部分人，只是想改善自己的生活。

我把我和钱的故事记录下来，会让我们有机会回忆一下这些遥远的初衷，让这些感受变得更加真切。把我们这代人的故事记录下来，给后人看，看我们是怎样在这片美利坚土地上，努力耕耘创造财富的。

这本书大概分这么几个部分，按照财富增长每十倍作为一个分割。在 0-1 万美元这段里，第一章首先介绍的是我家庭的背景和小时候成长的环境。我仔细想了一下，有的人擅长理财，有的人不擅长理财，其实很大一部分原因取决于他们青少年时代的生长环境。我介绍一下我的家庭背景和我小时候的经历，也许可以帮助大家理解怎样教育孩子，提高他们的财商。

然后第二章是讲我出国前后，90 年代的故事。在大学的时候，我是怎样管理和使用钱的。还有我出国前后那个阶段，钱都从哪里来的。这些经历很多 90 年代出国的人会有共同的体会。钱能解决的问题都不是问题。但是的确钱可以解决 99% 的问题。因为那个时候生活很穷，出国是很不容易的一件事情。无论是考 GRE，准备托福，还是申请美国大学哪一样不需要钱呢？90 年代你可以看到很多中国人一下了飞机，就直奔中餐馆打工挣钱。因为他们到美国的时候已经是负债累累。

我在来到美国两年左右实现了从零到第一个 1 万美元的转变。所以第三章是我在美国读书时候的财务情况。读书的时候，收入还是非常有限的。只有奖学金，且非常不稳定，有今天没有明天的。这个学期有经费，下个学期也许就没有了。我是怎样安全地渡过了 2000 年互联网泡沫，并顺利找到工作的。我毕业的时候没有贷款，还稍有积蓄。

1 万到 10 万美元是在工作两年后实现的。第四章描述的是我工作一开始的时候我是怎样安排自己的开支，怎样积累储蓄，和在美国的一线城市买到自己第一个住房的。

从 10 万到 100 万美元是在工作后第六年完成的。第五章介绍的是这段故事，我是怎样实现了通俗意义上的美国梦。我完全不会讲我工作方面的事情，因为那些事情虽然占据了我大量的时间，可并不是这本书的主题。主题还是围绕着钱和财富管理。

美国梦其实很简单，就是有自己的住房，有稳定的工作。进入中产阶级，有两个孩子，夫妻和睦，前院有草地，后院有狼狗，银行有存款，公司有股票，平时有班上，假期有假度。美国梦实现以后，投资理财就变得复杂了起来。不再是简单的存钱，需要考虑各种投资。在硅谷还要考虑去什么样的公司工作才可能有股票期权？有了股票期权需要考虑何时卖出最佳等等这些问题。一环套一环，日子越来越复杂。

当你实现这些基本的生活需求之后，如何进行投资理财，首先需要解决的就是，为什么要投资理财？想清楚为什么这样做，才会制定目标，有了目标才会有计划，有了计划，才会想到如何提升自己的执行力？

第六、七、八三章是我投资最重要的原则。概括起来就是"会走路的钱"。钱是会移动的，你要做的事情就是在移动中把钱拿到自己篮子里。这个拿钱的过程有两种可行的方法，一种是懒人投资法，一种是勤快人投资法。你需要因地制宜，根据自己的特点，制定相应的策略。

第九、十、十一章，我把自己从投资理财目标的制定、思路的形成、踌躇犹豫、痛苦与挣扎，都原汁原味地呈现给读者。

我给自己定的目标是用 10 年的时间，积累 1000 万美元的财富。这个目标当时听起来有些疯狂。为了督促自己，更好地实现这个目标，我干脆把这个目标发在文学城的投资理财论坛上。那个时候投资理财的论坛刚刚成立，我有幸成为版主。我一直相信一句话，就是如果一个人想做成一件事情，上帝都会跑来帮你。为了确信上帝会来帮我，我干脆把我的计划公布于众，这样给我形成一定的压力，督促自己。

目标公布之后，我大概知道自己应该做什么，但并不是十分确切。回顾这十几年我总共做了三件事情，也基本上把这十几年最好的三次投资机会，全部抓住了。一是投资了中国的房地产；二是 2008 年次贷危机之后，抄底湾区的房地产；三是 2016 年左右投资了比特币。除此之外，我自己的 401K 股票投资了一些科技股和大盘指数股。这些投资行为合在一起最终让我实现了 1000 万的目标。

拥有 1000 万美元的这个目标，我用了 11 年半的时间实现了。我自己也没想到可以实现。这个阶段我每年对自己的财务做一个比较好的记录。这本书里，我用纪实文学的方式，把整个过程呈现给读者。

第十二章到第十七章是我财富从 100 万美元到 1000 万美元增长的真实记录。我尽可能地回想自己的每一次交易记录，争取做到时间和金额都准确。我也记录了每次的内心过程、遇到的现实问题和意外。

人心的贪婪是没有止境的，我也免不了这个俗气。在我制定 1000 万美元计划的时候，我曾经写过个承诺，到 1000 万美元之后我不再投资理财，只是把它用于买股票指数基金。可惜我现在又改主意了，主要原因是我觉得投资这件事情本身太有趣、太精彩了。人生大部分时间都平淡且无趣，精彩的事情不进行下去，实在有负生命。

不是因为我贪图更多的钱财，我知道我可以使用的财富非常有限。如果我能拥有更多的财富，最终的实际消费者也不是我。我只是好奇普通家庭理财投资的极限到底在哪里？所以给自己提出一个更高的目标。那就是给自己的资产后面再加一个 0，我想看看可不可以实现 1 亿美元这个目标。当然我不会为了这个目标冒险，实现不了也没有什么关系，日子照样过。

你也可以说我这本书是一个关于很多个零的故事。我从 1 美元到 10 美元，从 10 美元到 100 美元，从 100 美元到 1000 美元。很多人早已忘记他们拥有第 1 个 1000 美元的感觉。我的起点是那样的低，大部分人已经完全忘却的事情，我回忆起来却都历历在目。

从 1 万美元变成 10 万美元，这个时候没有投资，只是简单的存钱。10 万美元之后才是投资的开始。怎样从 10 万美元到拥有 100 万美元靠思路。从 100 万到 1000 万，需要顽强的毅力和执行力。今天我走在迈向 1 亿美元资金的道路上，我还不知道需要哪些特质，目前还无从总结。

我想强调的是我写这本书不是想让其他人效仿我的经历。人生就一次，没有必要去效仿他人。每个人周围的条件和环境与后来人都不一样，所以你没有办法做到简单效仿。我自己酷爱历史，敦煌石窟出土的文字材料，最精彩的不是那些金刚经，而是凡夫俗子的家庭账目。所以我想写下我自己的账目也会对后人有帮助。

钱是生活的一部分，但不是全部。为了突出重点，这本书只是记录了在我的生命和生活中与钱有关的内容。一个人生命的方方面面的内容很多，我们还有事业、有爱情、有理想、有亲情、有友情、有人生思考。那些内容其实占据了我头脑的更大部分。希望读者不要因为这本书只是关于钱的故事，错误地认为我的生活全都是为了钱而奔劳。

我在这本书里面插入了当年写的相关博客文章。我的博客中大约一半的文章和这个回忆录的章节内容不符，我就没有摘录过来。感兴趣的人可以去网上阅读。我的网络博客上也保留了当年大家的评论。贴在这本书里的博客文章我没有做出修改。为了保持原貌，甚至病句和错误的英文我都没有改。为的就是一个目的：这是一本记录历史的书。

在投资领域做事后诸葛亮是很容易的，做事前诸葛亮却是无比的困难。对趋势的判断哪怕只差一天、一小时，甚至一秒都是天壤之别。我把真实记录的博客发在这里就是这个目的。因为几乎所有的博客文章都是预测当时的未来。大家可以看到我哪些预见是对的，哪些是错的。100%正确的预测是不可能的，关键是大趋势的判断是否正确。

最后，我这本书是抱着一个感恩的心态，一个人闷头做一件事情，其实挺困难的，在过去十九年里，如果没有网友的支持，没有把目标公布出来之后，网友给我的心理压力，我恐怕也是很难实现自己的投资目标的。我每次写文章分享出去，都会收到一些反馈。有的网友会问我一些问题，有时会给我一个提醒，给我一些灵感。我这本书是做一个回馈给网友和投资理财社区的。我用这本书记录下来，文学城投资理财论坛上我们曾经一起走过的十几年岁月。

0-10,000 美元

在你年轻的时候，每一次挫折和失败都是好的，都是有益的。经历了贫困生活的人，才会格外珍惜储蓄与财富带来的生存自由。连炒股这样的经历也最好也是在你最穷的时候开始。

第一章 节俭是一种美德

01 赴美

1997年的时候我20多岁，只身一人、跨越万里，带着一个一只手可以拎起来的旅行箱和 200 美元来到了美国。我几乎是两手空空，除了几件衣服和几本我喜欢的书，我什么都没有带。口袋里 10 张薄薄的 20 美元的票子就是我全部的财产。

我在美国没有一个亲人，甚至没有一个熟悉的朋友。只有几个大学和高中同学在离我数千英里以外的地方求学。我要去的美国城市，是中西部不知名的小城。当时还没有普及互联网。在我能拿到的很多美国地图上，我甚至找不到我要去的这个城市的位置。

收到录取通知书的喜悦之后，就是签证鬼门关的忐忑不安。等这一切都尘埃落定，当时最让我焦虑的事情是找一个住宿的地方。中国学生在美国的主要大学，当时都有一个叫做"中国学生学者联谊会"的机构，负责每一年新生的接待工作，包括临时住宿和接机。我那一年非常不巧，学生会主席，忙着自己谈恋爱，没顾上我们这些新生。我联系她好几次，给她发了数封邮件，都没有收到回应。

不过经历过领事馆签证的惊涛骇浪之后。其他这些事情都不是那么让人紧张得心惊肉跳了。签证之所以被叫作鬼门关。因为你的命运完全不在你的手里。你数年的努力和无数的心血，完全可能在签证官电石火光的一瞬间就被消灭干净。找一个住的地方不是问题。大不了先露宿街头，反正是夏天，难道还能冻死不成，我只能这样安慰自己。

安慰的话虽然可以自己对自己说。但是问题还是需要自己去动手解决的。中国学生和学者联谊会的主席联系不上，我只能从一个 Email list 上的招租广告里找信息，然后给学校周围每一个登招租广告的人打电话。因为我当时还身在中国，没有办法看房子，付押金。打了一圈电话下来，没有一个人愿意把房子租给我，更不要说，有人到机场来接我了。后来好不容易找到一个可以说中国话的人，问一下那边的情况。我像抓到救命稻草一样。仓促之间赶紧问他，从机场到学校怎么走？坐出租车行不行？对方告诉我出租车大概需要 60 美元，那几乎是我当时全部资产的三分之一。我又问了一下，旅店一个晚上需要多少钱？他告诉我，需要 80 美元左右。我一边和他说话，一边紧张地看着手表上的秒针。当时的国际长途电话费是 20 元人民币每分钟，我只预付了 5 分钟的长途电话费。很快我的一百块钱花完了，什么结果都没有。

没有时间去问更多的问题，就必须挂电话了。我得到的信息就是，我的全部财产只够我下飞机后，坐出租车到大学城，找个旅店住一个晚上和吃一顿麦当劳。然后第二天我就会像流浪汉一样被甩到大街上。90 年代大多数人赴美的时候都是在一片欢天喜地的气氛中。而我临近出发，几乎是完全陷入了绝望。

我没有地方可以借到更多的钱。因为大多数的中国人还没有富裕起来。我也不喜欢找人借钱的感觉。美国大学申请费和购买机票的费用，几乎花光了我所有的积蓄。当时中国又是被严重的外汇管制，即使借到了钱，除了冒风险上黑市，我也没有办法换得更多的美元。

就在最后绝望的时候，峰回路转般地上帝为我开启了一扇小小的窗口。我看到有人在 Email list 上发了一个小广告，说他在找两个房客共同 share 一个公寓。邮件刚刚发出来不久，我飞快地跑到邮局赶紧打电话。

因为共同的背景。所以聊了几句以后彼此很信任。只用了 2 分钟的时间，就沟通好了。他没有找我要押金，就确定下来把公寓租给我。就在马上要挂电话的时候，我有些怯生生，不好意思地问他，能否到机场来接我。他犹豫了一下，但还是爽快地答应了我。阿弥托福一切都安排妥当。只要有人来接我，就像找到亲人一样。即使是陌生的同学也不好意思把我扔到大街上饿肚子。我不再像出发前几天那样紧张和焦虑了。

很多从欧洲到美国的移民最先看到的美洲是自由女神像。一些年之后，我在纽约的自由女神像上读到 Emma Lazarus 的诗 "新巨人" The New Colossus。它这样写道：让那些因为渴望呼吸到自由空气，而历经长途跋涉也已疲惫不堪、身无分文的人们，相互依偎着投入我的怀抱吧!我站在金门口，高举自由的灯火!

"Give me your tired, your poor, Your huddled masses yearning to breathe free, The wretched refuse of your teeming shore. Send these, the homeless, tempest-tost to me, I lift my lamp beside the golden door!"

我第一次读到这些话的时候，觉得这些话直击人心。没有亲身经历贫穷和移民痛苦的人很难感受到这样的诗篇有多么打动人。美国历史上的绝大多数移民，在旧大陆或者自己生长的国家日子过得都不是那么好。是为了更好的生活，或是更多的财富机会，再或者是更多的人生自由才来到美国的。

欧洲人回忆美国的移民史想到的是自由女神像。在众多的小说和回忆录里，亚洲来的移民第一眼看到的是金门大桥。而我第一次看到的美洲大陆是阿拉斯加的大雪山。其实从 20 世纪 60 年代以后，大部分的中国、韩国、日本的东亚移民第一眼看到的美洲都是阿拉斯加的大雪山，因为这些国家的飞机都是从白令海峡到美洲大陆，不过似乎鲜有人提起这个事情。

爱上一片土地和一个国家，往往是从那个地方的地貌开始的。当时飞机有些颠簸，把我从睡梦中摇醒。通过玄窗往外一看，是绵延无际的，一片一片的大雪山。当时我的心情忐忑不安。在这片土地上，我一无所有，语言不通，举目无亲，我不知道什么样的命运在等待着我。

02 节俭之弹性理论

当时我自己不知道的是，虽然我一无所有，但是我从旧大陆上带来了一些美好而重要的习惯。节俭是一种美德。节俭在富裕的家庭和国家里，往往被忽略。人们把节俭和小气抠门等负面词汇混为一谈。我虽然一无所有，但是我年轻好学、勤劳、有野心。我还有从小父母与家庭给我的节俭的美德。这一切都帮助了我，让我能够在这片新大陆上有一个顺利生活的开始。

在花钱和管理财富上，人们很少从书本上获得经验。大家最直接的老师就是父母亲戚，兄弟姐妹。我也不例外，我几乎所有节俭的习惯，都是从我母亲那里获得的。我出生在 20 世纪 70 年代初的中国。虽然我比 60 年代出生的人稍稍运气好一点，没有经历过饿死人的灾荒。但是 70 年代末和整个 80 年代中国还是很贫穷的。我父母是经历过国共内战和 60 年代灾荒年代的人。他们一生勤劳节俭，并以此为荣。总的来说，那代人整体上要比我们这代人节俭得多。

节俭还有一个非常有趣的事情。那就是几乎每个成年人，都认为他们节俭的程度是正正好的，既不奢侈，也不过于吝啬。我在童年的时候观察到这一现象，就是节俭程度的弹性之大，它来自对比我的奶奶，我的父亲和我的母亲的花钱习惯。

我奶奶几乎是我这辈子见过最节俭的人。她是从中国旧社会饥饿与死亡线上走过来的人，所以一生都是极度节俭的。一碗米都要先煮一下，再蒸了吃。这样既有粥喝，又有干饭。她一生大产小产生育八次，每次坐月子的时候，给自己最好的待遇也就是在喝的稀饭上撒一点干虾皮。

我的父亲是军人干部出身。他高中毕业之后，20世纪50年代初在军校上大学。中国军人在 50 年代到 80 年代的待遇都很好。因为他是军校出身的大学生，在 60 年代末就是一个县团级干部。当普通工人的工资只有30-40元的时候，他的工资已经是120元人民币(合 48 美元，人民币兑美元按照当时官方汇率折算。下同)。在我奶奶眼里，我父亲是一个浪费的人。我奶奶会因为我父亲在街边的馄饨摊上吃了一碗面，而没有回家吃饭，而抱怨上好几年，说他浪费了钱。

我母亲在我眼里是一个非常节俭的人。可是她在我父亲眼里，却是一个浪费的人。因为只要我母亲管家，她总是会把钱拿来给我们小孩子买好吃的，或者买布料做衣服。我父亲觉得他每个月这么高的工资，但是结余不多，所以常常比较有意见。因为像很多男性一样，他对家庭内部很苛刻，但是对外比较慷慨。省下来的钱，他用来资助自己几个穷困的亲戚，和一个战友。在他看来，钱需要用在刀刃上，而不是每天吃喝用度的零星支出上。牙缝里面的钱，要省总是能省出来的。他曾经几次剥夺我母亲管家的权力。让他自己来负责每一项柴米油盐的支出。每次他管钱，一到月底都能有所结余。

我妈妈每次吵不过他的时候就说钱是用来花的，不是用来存的。可能是因为她知道存下来的钱，也不完全属于自己的小家。

尽管我母亲从来不浪费一分钱，按照我的标准看，简直是个一分钱掰两半用的人。从我有记忆开始，我从来没有见过她给自己买过什么像样的衣服。一切衣服都是她自己做的。但是我母亲

15

在我父亲眼睛里，就是一个花钱如流水的大小姐。主要是因为我母亲小时候家境不错，她每周都要买肉吃，每年都要给孩子做新衣服。我父亲看来这些都是可有可无的。我母亲从来没有和奶奶直接争吵，但是总和我说，奶奶是旧社会生死线上走过的人，都解放了，日子不应该再那么苦，每周买点肉吃也不是什么大不了的罪过。

相比我母亲而言，我在她眼里那简直就是一个奢侈、虚荣的阔少爷。她无法接受我在一件衣服没有穿破之前，就把它丢弃。也无法接受任何一块布匹，没有经历衣服到抹布、抹布再到拖布这样的循环就被丢弃掉。她总是和我唠叨，皮鞋需要好好保养，应该可以穿20年，埋怨我两三年就换一双皮鞋。

金钱几乎是所有家庭永远谈不完的主旋律。家庭几乎每一个决策都和金钱有关。而事后人们记忆中的只是一个个事件，完全不再记得金钱和费用花销本身。比如大家都记得 20 年前的某次家庭旅行，记得旅行中发生的趣事和看到的风景，可是旅行的开支完全被人遗忘了。我的少年时代关于钱的记忆就是这些纷纷扰扰的吵闹。

我奶奶、我父亲、我母亲、和我的消费对比中，你可以看到花钱是个非常有弹性的事情。怎么样其实都可以过日子。

节俭是个美德。童年有贫穷的经历也不是什么坏事。俗话说，穷人的孩子早当家。应该说我的家庭在我小的时候，相对于中国的大部分家庭并不贫穷。他们之所以有这些金钱上的争吵，是因为中国整体比较贫穷。

中文常说一句话叫由俭入奢易，由奢入俭难。因为我们小时候相对贫穷，后来赶上中国经济发展的奇迹。这让我们这代人经历了财富按数量级一样的快速往上增长的过程。虽然这个增长大部分原因是我们起点很低。

有时我会想，对于我来说这可能是一件幸运的事情。我甚至觉得，纵观人类财富增长历史，地球上几乎找不到，像我们这样幸运的一代人。

相对发达国家的同代人。他们一生没有经历我们这样几何指数一样的财富增长。有时我看我的孩子，我知道他们一生也不会有这样快速的财富增长的过程。财富给人带来的快乐，并不是依靠绝对数量，而是变化的多少。如果一个穷人，每一天每一年都可以比前一天前一年更富有，那他的精神面貌是快乐的，对未来是充满希望的。如果是一个富家子弟，贵族亿万富翁，每天看到他的财富缩水，日子一天不如一天，那即使他的绝对财富依旧很多，他的心情也是沮丧的。

而我们这代中国人现在拥有的是小的时候不曾梦想的财富。因为我们赶上改革开放和财富的快速增长，所以我们的精神面貌一直是快乐的。

我读的中学是我家乡城市里最好的中学。80 年代中的时候，一个美国中学生夏令营到我们这个中学访问。学校组织我们一部分同学和他们联谊了两周。中美的孩子们在一起上课、打篮球、去公园游览。联谊的最后一个环节是给自己的搭档小伙伴互赠礼物。我们中国学生送的都是当地的土特产。因为是盛夏，我送的是一瓶风油精。对方美国小孩没有从美国带什么礼物，他就送给我了一张 20 美元的钞票。

20 美元在当时可是稀缺品。大部分中国人见都没有见过美元。我妈妈后来用这 20 美元去友谊商店买了一瓶洋酒，过年的时候家里开荤。我再也没有见过我的这个搭档美国小伙伴。

我后来会经常想起他。如果他在美国顺顺利利，成长在一个中产阶级家庭，虽然我最后也是一个普通的美国中产阶级家庭，但是他的幸福感肯定不如我强烈。因为他生下来就在一个中产阶级家庭，很小的时候就可以任意支配 20 美元。而我小的时候，从来没想到自己也可以成为美国中产阶级家庭。现在变成了中产阶级，自然是开心和快乐的。

03 除了你，没人会在意你的钱

现在我人到中年，很多时候喜欢到童年和少年时代寻找自己性格上的根源。如果我和其他孩子有什么不同的话，就是我不太喜欢说话，我更喜欢观察和暗暗地寻找事物背后的原因。

在我很小的时候对财富没有什么概念。与贫穷和富有的第一次接触，是在小学二年级的时候，我陪妈妈给她一个工友送衣服。那个工友当时是一个临时工，住在农村，家里很穷。母亲把我的一条穿旧的裤子连同其他一些衣服送给他们家。

我们到了他们家，对方的一个老爷爷，笑呵呵地迎接我们。然后转身对一个跟我差不多大的孩子说"黑蛋你终于可以出门玩儿了"。我开始没明白他是什么意思。难道农村的孩子不能出门玩耍么？难道比我们城里人还不自由？后来才知道，原来他们家是真的穷，穷到没有裤子穿。这个和我几乎年纪相仿的男孩子，只能一丝不挂的在家里，来个客人就裹在被子里躲着。

对于孩子来说，也许这只是一件好玩的事情，并没有让我感觉到有钱和没钱有多大的影响。没有裤子这件事对我来说也只是格外新鲜。我甚至觉得他们家的日子好极了，因为他们每天都可以吃我喜欢吃的地瓜。地瓜甜甜的，比大米好吃。事实上是因为他们没有粮食吃，只能吃地瓜。长期吃地瓜，人缺少蛋白质，没有力气，也容易便秘。

当时还处在文化大革命的晚期。城乡接合部的农民在割资本主义尾巴的重压下生活，不可以把自己的农产品拿到市场上进行自由交换，即使是他们可怜的自留地上生产出来的。所以他们没有钱去购买工厂里生产出来的轻工产品，自然也就没有衣服穿。

我母亲把我们已经是补丁加补丁的衣服送给了他们，换来了一麻袋的地瓜背回了家。我觉得我们又帮助了别人，又获得了我爱吃的东西，非常高兴。那是我第一次接触到比我们生活得穷苦很多的人。老爷爷和我们聊天的时候，不停地用方言唠叨一句，"没钱啥事也不行"。这是我第一次知道钱的重要性。

在儿童时代，金钱对我来说就像打游戏的游戏币一样，它们只是一些叮叮当当的物体，觉得好玩有趣。70年代末我父亲从部队调动到地方工作，举家搬迁。那时我小学三年级，最后一天，我的小伙伴们送我。我们在一个满是水果摊的街上，痛痛快快地吃了一个下午。那个时候没有冰激凌这样的好东西，能够敞开肚子吃的就是山梨和葡萄。摆摊的农民时时刻刻需要提防治安队来罚款。我拿出了我所有的零钱，对同学们说，大家吃多少都行。很多年以后我这个小伙伴回忆说，那个时候觉得我像是个有钱的大财主。我口袋里全是5毛钱（合20美分）的大票。

母亲从小就给我们一个储蓄盒猪娃娃，让我们把钱存在盒子里。每次我们想吃冰棍儿的时候，她就会对我们说，你把冰棍的钱省下来，以后银行给你利息，你就可以买更多的冰棍儿。

于是我就特别积极地把钱存到我的猪娃娃里去。那个时候家里相对宽裕，随时可以在各个角落找到一分两分的零钱。我的储蓄罐猪娃娃，大概最后存了二块多钱的样子，晃起来，沙沙作响，里面有很多硬币。

然后有一次母亲跟我说，把猪娃娃的钱都拿出来，交给她帮我保管。她可以帮我换成一张纸币。当时我的梦想就是买一本《孙悟空大闹天宫》的小人书。那本小人书上下两册彩色出版，每册是二毛钱，一共需要四毛钱。我在小伙伴那里看到过，可惜他太小气，生怕我们把他的书弄脏了，只让他翻着给我们看，不让我们自己翻。虽然我攒够了足够多的零钱，但是我却买不到这本书，因为书店没有货。每次放学路上，我都去书店那边绕一下看看新书来了没有。

母亲不知道我存钱的小算盘。她把我存的零钱都拿走了，说回头换整钱给我。当然你想象一下就知道零钱交给大人的后果是什么。我再也没有见到我那些一年多辛辛苦苦攒出来的硬币，也没看到我母亲许诺给我的整钱纸币。小人书来了，当我想要我存的钱的时候，母亲对我说，"你小孩哪有钱，你储蓄罐里的钱不都是我掉在家里的硬币么？"那时我七岁。我不记得我是否反驳了她。这个事情给我深刻的教训就是钱不能交给任何人。连最爱你的妈妈都不行。除了你，没人比你更在意你的钱。

04 贫困的生活

上面说的都是童年的一些关于钱的零星记忆。我真正感觉到缺钱给我带来的不快是在我父亲去世之后。20 世纪 80 年代初，正值中国改革开放的开始阶段，一切都是生机勃勃，我们家也满心期待地准备新生活的开始。父亲被提升担任科研所主任，开始学英语，准备公派出国进修。不过，噩运降临，他突然生病去世了。

他去世之后，我们家的收入一下子减少了2/3，家道中落。我也开始意识到拮据给人带来的不快。70 年代末，我父亲的工资是120 元人民币，我母亲的工资是 60 元（合 24 美元）。我们子女三个，一家五口，虽然说不上富裕。因为当时的供给制，住房和水电费都不要钱，父亲也不在家里吃饭，所以我家基本上可以有个相对体面的生活。差不多每周有肉吃，每年有新衣服换，亲戚人情来往不至于太拮据。我们家按照当时现代化的标准，"三转两扭一咔嚓"，除了照相机都配齐了。不生活在那个年代的人可能对"三转两扭一咔嚓"不熟悉。三转指的是自行车，手表和缝纫机；两扭指的是电视机和收音机；一咔嚓指的是照相机。这是70

年代富裕家庭的标配。进入到 80 年代，人们才开始追求洗衣机，冰箱，彩电等大三件。

父亲突然去世，让我们家失去了 2/3 的收入。我母亲只是一个普通的工人。在 20 世纪 80 年代初，仅凭她一个人 60 元人民币的工资要养活三个孩子是很困难的。我们从一个普通的干部家庭，一夜之间，落入低收入家庭。

最让我难堪的是，初中二年级的时候，我上学报到，母亲没有给我一分钱。那个时候一个学期的学杂费是 5 元（合 2 美元）。母亲说我们家庭困难，你需要向学校老师申请补助，看看能不能免掉学杂费。

我觉得申请补助是一个多么尴尬且没有面子的事情，就一再拒绝我妈妈，和她磨了好几天。我说我可以一年不吃肉，一年不买衣服，可不可以不要让我当着那么多同学的面，向老师申请贫困补助。

母亲把我狠狠地训了一通，说我怎么那么没有出息，没有胆子，在家一条龙，出门一条虫，死要面子，连申请贫穷补助这样的事情都不敢提出，一辈子还有什么用？

我急得要哭出来。那年我 13 岁，我和她磨了很久的嘴皮子，说了无数多个理由，可是最后她还是一分钱也没有给我。我带着沮丧的心情走去学校。一路上，其他小伙伴们，新开学的时候难免打打闹闹，叽叽喳喳地说着假期里的轶闻趣事。而我却为了申请补助这一件事情，心事重重，见到谁都没精打采的，上学路上整个天空都是阴暗的。

开学报到的时候，班主任坐在讲台上。学生们围着她，把手上的钱递给她办理注册手续。我觉得我不可能当着那么多同学的面，跟老师说申请贫困救济补助的事，就在座位上默默地坐着等待着。

可是台上的同学们办完手续之后并没有散去，他们或者在黑板上写写画画，或者围绕着讲台，在老师身边叽叽喳喳地说着其他的事情。那时我多么希望老师能够说一嗓子，"办完手续的同学可以回家了"。

可是没有。大家手续一个一个都办好了，没办手续的同学只剩下最后几个了。我已经没有什么退路。我的心跳开始加速，我一遍遍地演练自己一会儿应该怎么对老师说。终于除了我以外，最后一个同学都办好了。老师平视了一下教室大声地问，"还有哪个同学没有办手续？"

我怯生生地举起手，全班的目光都看着我。

老师不屑地说，"咦，那你怎么不上来办手续啊？"她的口气里似乎带着火气。让我更加紧张和难堪。

我像挤牙膏一样小声地说："我想申请学校贫困补助"。

我的声音是那么的轻，可能只有蚊子能听得见。但是我觉得全班同学好像都在竖着耳朵听，他们把每一个字都听得清清楚楚。他们虽然没有发出令我害怕的哄笑，整体态度还算友好，但是我感觉到他们都带着可怜同情的目光看着我。他们中间有我一起玩耍的小伙伴，也有我偷偷喜欢的漂亮女同学。我不需要任何人来同情我，我是一个男子汉，我也不喜欢别人同情和可怜我。

班主任老师是一个中年女教师。我当时和她不熟悉，不过她应该是一个好老师。她很快就感觉到了我的窘迫。她让同学们通通坐好，对我说"你放学之后到我办公室来一趟。"算是化解了当时的尴尬。

这是我人生中第一次经历因金钱带来的窘迫，当众承认自己没钱的尴尬与难堪。这也是我后来一直保持存钱习惯的原因。我不喜欢借钱，不喜欢求人。也不喜欢别人的施舍与同情。

当然现在想想，也许是那个时候，我自己过于神经过敏。人在少年的时候，觉得自己是世界的中心，全世界都在关注你。也许当时我的同学们忙着嘻嘻哈哈吵闹，根本没有留意我和班主任的对话。

05 饿肚子的高中

母亲很艰难地把我们拉扯大。80 年代中期，一个普通工人养活一家四口，是一个非常困难的事情。我们几乎不买任何衣服，整个高中时代，我一直穿父亲留下来的旧军装。大部分新衣服都是母亲买布自己做的。她的手很巧，总是能给我们做一些款式新颖，价格又便宜的衣服。因为家庭不宽裕，让我对花钱的事情格外敏感。现在我都不知道她是怎样神奇地做到用 60 元（合 30 美元）一个月的工资养活四个人的。

1985 年，上高中的时候，我选择了住校，当时一个月的住宿和伙食费是 9 元人民币。伙食标准每天大概是 4 毛钱的样子。米饭是充裕的，青菜也很充分。早饭的粥也是敞开供应，但是荤菜非常稀缺。要是哪天晚饭吃馄饨，大家都会眉飞色舞庆祝一番。晚饭有的时候唯一的荤菜是一根香肠，八个学生分。我没有记错。就是一根巴掌长的香肠，切成薄薄的几片，供八个青春期正在长身体发育的大小伙子分着吃。

虽然我生长的城市在中国是属于富裕的地区，鱼米之乡。包产到户，改革开放快 10 年了，人民生活水平有了很大的提高，大部分人已经不再饿肚子了。但是我整个高中时代，几乎都是在饥饿中度过的。主要原因是我家当时在城市里属于低收入家庭。在高中，一方面是有高考的压力，另外一方面，对我来说，更大的困难是对付饥饿的煎熬。那个时候很怕上体育课。如果体育课是 1000 米或者 1500 米的长跑，那饥饿感就会很强烈地折磨我一整天。

一般上午上完两节课之后，我的肚子就开始咕咕叫了。学校有校办工厂的面包可以买，大概是二毛钱一个，我不舍得买。当然可能是我过于好强和体贴我母亲了，也许家庭经济状况没有那么紧张。二毛钱的面包还是买得起的。我要是和母亲要求，她应该会给我一些零花钱买。但是我从父亲去世之后，给自己定了一个原则，就是坚决不主动找我母亲要一分钱，除非她想到给我。这个原则从 13 岁那次申请学杂费补助事件之后一直持续了一辈子，包括我上大学期间。

当时我经历了比较严重的营养不良。在我印象中，高二和高三期间，一周我只有一次大便。通常是在周六回家吃到一些好东西之后，才有大便。我没有便秘和其他的毛病，是因为身体在成长，学校伙食太差，肠胃系统需要榨取食物中的每一点养分。

饥饿是一方面，另外一方面是需要忍受寒冷。南方的冬天没有什么取暖措施，所以教室宿舍和外面一样的冷。冬天的时候，教室里面的温度也就摄氏 5 度左右。我一开始穿的是父亲留下来的一件军棉袄。但是到了 80 年代中期之后，大家已经不再穿军队的棉袄了，市面上开始流行起了各种防寒服和皮夹克。高中一年级的时候，我还可以穿着军棉袄混。到了高二和高三因为军大衣严重地落伍，我也不好意思穿了。总不能在同学面前把自己穿得像个志愿军战士一样。

春夏秋这三个季节都不要紧。天气不冷的时候，我一般穿一件父亲留下来的旧军装，带口袋的那种干部军装与士兵的军装有所区别。冬天我里面穿个毛衣，在上面套一个棉背心。然后在棉背心外面套一个母亲上班穿的蓝袍子工作服。那个工作服很多老师也当工作服穿，因为老师的衣服经常会被粉笔灰弄脏。所以他们上课喜欢穿一件这样的罩衣。有好几次我走进教室，同学们把我误认为老师。

那样穿衣服，形象上勉勉强强说得过去。但是胳膊没有棉衣保护会冷。经常是晚自习的时候，整个胳膊越来越冷，手冻僵，写字越来越慢，直到几乎完全写不出。我只能跑出教室，摇晃摇晃胳膊，热热身，再回来上晚自习。

我从来没有告诉过我母亲饿肚子和受冻的事情。我不想给她增加任何负担和烦恼。高三的时候，母亲给我买了一件皮夹克。算是冬天有了一件像样的衣服。但是皮夹克是人造革做的，不透气，穿了几小时之后，用手一摸里面会有一层凝结的水汽。我也就不再穿了。当然这些事情我也没有告诉我母亲。

其他同学会因为学校伙食太差，带奶粉和麦乳精到宿舍里，晚上睡觉前补充一下营养。我从来不享受这样的奢侈品，因为我不会找母亲主动提出。有一次周六下午放学，我等公共汽车回家。那是一个冬天，风很冷。公共汽车站前有个阿姨，支了一个煤球炉，在卖油炸萝卜丝饼。这是南方常见的街头零食，就是拿萝卜丝裹着面，在油里炸成一个团。

因为饥饿和寒冷，让我索索发抖。油炸中的萝卜丝饼带着热气，散发着芳香。我犹豫了再三，还是没舍得买 5 分钱（2 美分）的萝卜丝饼。因为买这个萝卜丝饼，我就有可能要找我母亲要钱。

找别人要钱是件羞耻的事情。在我 13 岁以后的一生中从来没有找母亲要过钱。包括后来上大学，如果她记着给我钱，我就会拿着，如果她不记得给我钱，或者出于某种原因没有按时寄给我钱，我也绝对不会找她要的。

我说这些只是描述一下在我青少年的时候，我的起点有多么低，一个两美分不到的萝卜丝饼我都不舍得买。但是回首看来，青少年时代贫穷的生活对我来说是有益的。首先让我学会要未雨绸缪，知道手上需要存一些钱；其次这些经历教会我独立，凡事不求人；最后，经历了物质生活的稀缺，你才会珍惜物质财富，而不会轻易浪费它们。即使今天不为了金钱本身而节省，我也会想，每一样商品生产皆不易，动用了大量的社会资源和自然资源。在没有物尽其用之前，你又何必把它们好好地从商店送进垃圾箱呢。

往往是经历过最艰苦的生活之后，才会变得无所畏惧。贫穷没有什么可怕的，因为再艰苦也不过如此。人也不会死掉，地球照样旋转，人世间的各种快乐依旧。所以经历贫穷之后，反而你可以大胆地去做自己想做的事情，而不必生活在各种担心和恐惧中。

每个人的性格大部分是天生的遗传决定的。但是我觉得投资理财和花钱习惯这个事情上，后天的经历可能对一个人影响更大。节俭是一种美德。我非常感谢上天让我拥有这些美德。如果认真回想，并不是我天生的基因里有这种美德，可能只是碰巧在我少年的时候，生活相对艰苦导致的。中国虽然曾经很穷，但是我们这代人中，大部分人都没有我这样的生活经历。

节俭在我后来的生活里渐渐变成一种习惯。比如，我很少浪费食物。我尽量不摄入超过我身体需要之外的热量。浪费肉类食品简直是一种暴殄天物的行为。那些动物为你付出了它们的生命，而你把它们扔进了垃圾箱。一件衣服，比如生产一个最简单的圆领 T 恤衫，所需棉花耗费的水资源就是 2.7 吨。人类对地球的环境已经造成那么大的伤害，我们有什么理由浪费那些物质财富呢？

我从来不介意别人发现我有节俭的习惯。也许是少年的经历让我变得特立独行。我也不喜欢用那些外在的东西来宣示和表达自己。更多的时候，我在意的是我自己怎样看自己。人的一生最好是在给社会和地球造成最小负担的前提下，给自己创造最大的快乐和自由。在这样的价值观下，你就会更深刻地感觉到节俭是一种美德。

第二章 存 1/3 的收入

01 上大学

我一直都有一个信条，那就是你永远都是可以存 1/3 的钱的。也就是说，你每个月都可以把 1/3 的收入存下来，作为储蓄以备未来的不测之需。

这个道理并不复杂，因为有很多比你收入低 1/3 的人，他们一样活得好好的，他们的生活质量并不比你差多少。既然他们可以活得好好的，那你就当自己的收入比现在的实际收入少了 1/3，这样不就可以把 1/3 的钱存下来了吗？

我上大学的时候，家里的经济条件稍微有了一些改善。一方面是因为兄弟姐妹中的老大工作了，另外一方面，随着改革开放中国也变得相对富裕了，工资都有增长。

我上大学的时候每个月的生活费是 50 元人民币（合 12 美元）。我母亲会轮流着把工资寄给我和我哥。那个时候我和我哥都在大学里。母亲要靠她一个人的工资，养活我们两个大学生。当时她一个月大概挣 150 元的样子。她会把她收入的 2/3 拿出来供我们上大学。这个月给我哥寄 100 元，下个月给我寄 100 元。

如果你看到这个数字，你就会知道为什么今天的美国中产阶级家庭大学生喊穷，申请高额学生贷款是件矫情的事情。如果精打细算的话，大部分家庭根本不需要贷款。因为我在美国还从来没有见过一个家庭，把他们一年收入的 2/3 拿出来支付他们孩子的大学学费和生活费。

我当时的伙食标准是 30 元人民币（合 7 美元）每个月，我给自己定的用钱计划是这样的。每个月我有 50 元收入，吃饭花去 30 元。20 元我可以存下来以备急需和购买一些书籍与杂物。我的伙食标准是每天一元人民币（合 25 美分），当时就是早饭两毛钱，午饭和晚饭各四毛钱。两毛钱可以买一碗稀饭，加上一个馒头和咸菜。四毛钱的伙食标准就是四两米饭，再加上一个炒菜。

然而当时我同寝室的几个同学开学一个月就花了 300 元人民币。在我看来真是不近人情的败家子。其实他们父母的收入并不高，有的甚至是农村很穷的地方来的。当时在中国，没有多少家庭是富裕家庭。高消费的同学还喜欢在其他同学面前炫耀自己是怎么写信编理由找父母要钱的。

这样的行为我当然觉得非常不齿。我从来不找我母亲要钱，她不寄来我也不会找她要。不过，母亲总是会按时隔月把钱寄来。我印象中第一学期结束的时候，北方的大学给我们这些南方来的学生，发了一笔冬装补助费 15 元人民币（合 2 美元），是给我们南方籍的学生买冬天棉衣的钱。

我拿了这笔冬装补助，到百货大楼里给我母亲买了一件灯芯绒面的棉袄。第一学期寒假的时候，我把棉袄带回家。我说这不是我从伙食费里省出来的，这是学校额外发给我的冬装补助。我有棉袄，所以我给您买了一件新衣服。我母亲非常高兴。那一年我 17 岁。

我的这件衣服我母亲几乎没有穿过。我不知道是衣服不合身，还是她不舍得穿。反正她一直保留着。这件事情也说明人和人之间的快乐和绝对的金钱数量没有关系。今天哪怕我用 2 万美元，给我的孩子买一辆车，都不会换来我当年用 15 元人民币给我妈妈买件衣服带来的爱与快乐。

在人与人交往的时候，情感的快乐来自于百分比，即相对财富。你愿意把自己所有财富中的多少比例与他人分享，而不是绝对数量。大家彼此交换的是对方在自己心中的份量。你给对方的花销是雪中送炭，还是锦上添花？你是倾其所有，还只是拔一根汗毛？

我在整个大学期间从来没有想过出国的事情。当时留学国外对于我来说是一个不可能实现的事情。因为准备 GRE、托福考试，上辅导班的费用不菲。此外出国的申请费也是一笔大的开支。

当时我和其他同学聊了起来，他们说估算一下，出国前期全部费用预算大约是 1 万元人民币（合 1250 美元）左右。这还不保证你能够申请到学校的奖学金。即使你拿到了录取通知，申请到了学校奖学金，还不见得大使馆会给你签证。所以你这 1 万元人民币投资，很有可能完全打了水漂。

当时 1 万元人民币对于一个月只有 50 元生活费的我来说是天文数字。我需要 200 个月，也就是将近 20 年不吃不喝才能省到这笔钱。

02 "会走路的钱"

不过我一直是爱学习的好孩子。功课对于我来说从来不是一件难事。如果在饥饿状态下都能考前几名，肚子能吃饱的情况下学习有什么难的呢？可惜当时的大学学风并不好。因为对于大多数毕业生而言，学习成绩好与不好，对于未来没有什么区别，因为未来前途取决于毕业分配。毕业分配一方面取决于你的籍贯，你从哪里来，就可以回到哪里去，另外一方面取决于你和班主任的关系。如果你和班主任的关系好，可以留在京沪这样的大城市。如果你和班主任关系不好，可能被发配到边疆省份。

　　我大学毕业的时候，还有国家指令性计划。就是你必须去国家需要的地方工作。国家需要去的地方往往都是一些边疆省份。而这个时候学习好，反而成了把你送到边疆省份的借口。那些书记、指导员、班主任会冠冕堂皇地说，我们当然要把最好的学生送到国家最需要的地方去。

　　这样屡次三番下来，没有人愿意好好学习。既然毕业工作是包分配的，而命运又跟学习无关，大学生们主要忙的就变成了跳舞、谈恋爱和打麻将。

　　我不是这么想，我觉得更多的知识总是有用的。功课对我来说，又从来不是一件困难的事情。所以我一直是一个好好学习的好学生。当然更主要的原因是，我感觉知识本身非常有趣。大学的图书馆，给我提供这样的便利。当大家忙着跳舞、打麻将的时候，我把大部分时间都花在图书馆里，看各种闲书。

　　当时大学图书馆的书非常有限。不是你理工科的书，借阅数量都要受到严格的限制，一周一本。在当时环境下，大学并不想给学生们更大的自由和发挥，而是把学生们培养成只懂专业的技术人员，能够像螺丝钉一样，为祖国工作。

　　不过当时我还是看到一本对我后来投资理财非常有用的书。那是一本梁晓声的小说。小说的故事我已经全忘了，当时他提了一个概念，就是"钱是会走路的"。他用自己家的经历来描述财富会转移的现象。即使你把钱压在箱子里，换成金银首饰放在保险柜里，都挡不住钱会像长脚一样走来走去。一个人的财富会走到另外一个人的口袋里。

　　我在当时没有意识到这本小说对我的影响。连这本小说的名字我也想不起来了，我只记得他们的对话里，有"钱是会走路"的讨论。十几年之后，我把这个会走路的钱的概念在房地产、股票市场上应用了起来，获得了不错的成果。

可见你每读一本书（包括此书），都会对你有影响，只是你不知道它们的影响什么时候会产生，以及这些影响会有多大。每一份知识都是有用的，而辛勤劳动获得知识的人，终将获得回报。

03 研究生的经济账

大学毕业之后我选择了攻读研究生。一方面是我对知识本身非常渴望，另外一方面中国在 80 年代末经历了比较严重的政治动荡，实在没有什么像样的工作给大学毕业生。那几年大的原则是把大学毕业生通通下放到基层，让他们在基层一层层的锻炼，而不是直接把他们分配在中央的各级直属机关。

读研究生的时候，我的经济状况有了进一步的好转。母亲那个时候，除了自己有一份工资收入之外，还开了一个小小的门市部，通过这个门市部做一些烟酒糖茶生活日用品的小买卖。门市部是很小的买卖，业务很清淡。有时半天营业额只有 10 元钱，一个中午等不到一个顾客。

但是母亲还是舍不得回家睡午觉，她宁愿趴在柜台上打瞌睡，也不放过任何一笔生意，挣任何一毛钱。其实当时家庭已经没有什么负担，我们几个子女都大学毕业了。可是经历过贫困和拮据之后，母亲不舍得失去挣任何一分钱的机会。

读研究生时候，国家给我们的补助是每个月 70 多元人民币（合 10 美元）。另外当时还有每个城市户口居民的粮油补助，大概是 20 多元（合 2.5 美元）每个月。两笔钱加在一起我一个月有固定的 100 元收入。

还是老办法，我会把 30 元存下来，花 70 元。随着物价上涨，我每天的伙食费标准也提到了两元。就是早饭四毛钱，晚饭和午饭各自一元不到的样子。这个时候，我不再有饥饿的感觉了。一方面是身体已经完全长成了，另外一方面，伙食也的确比以前好了很多，有油水了。

还有，我那个时候也有外快可以挣了。我在研究生的时候，可以帮着自己的导师做一些现场测试的工作。每次测试工作之后，甲方单位都会发放一些劳务费给我们。干一天活，每次差不多能挣一两百元人民币的样子。

于是在第 1 个学期结束之后寒假回家的时候，我居然存了1000 元人民币（合 125 美元）。那是我第 1 次拥有 1000 元。那时候 100 元新版人民币刚出来不久，取代了 10 元的大团结。我把10 张 100 元人民币，数来数去开心极了。

有了这 1000 元作为垫底，我获得一定的安全感。我的生活不至于再那么拮据，我开始买更多的书。印象最深的是，我经常去福州路外文书店去买影印盗版的书。应该说，今天看来，这些不合法的盗版书，在中国改革开放的开始，对我们国家是有很大帮助的。因为这些原版书籍价格太贵，大家根本买不起。盗版书籍就变成我们普通读书人睁眼看世界的途径。

盗版英文书里面，读得最多的是读者文摘。今天看来简单的通俗读物，在当时却给我打开了另一扇门，让我看到了不同的世界。这个世界，这片美利坚的新大陆，对我来说又向往又好奇。但是我还是不知道怎样才能进入那个世界。我买了一张美国地图，挂在寝室的墙上。同学们问我，你要出国吗？我摇摇头说不是不是，我只是好奇想看看另外一个世界都有哪些城市？哪些州？哪些山川与河流？

04 股市初探

我这 1000 元并没有用来直接消费。因为中国那个时候发生了另外一件事情，就是成立了股票交易市场。中国股票交易市场一开始是很清淡的。几乎没有什么人购买股票。政府靠着各种各样的摊派，指派国家干部和工作人员必须买，才把股票发行出去。这个局面从深圳股票市场成立之后发生了改变。几个深圳人拿着旅行箱，提着现金到上海股票交易市场开始大肆购买老八股，掀起了上海股市的第一波狂飙与泡沫。

我当时在上海读研究生，所以经历了这个疯狂泡沫的每一个细节。当时每个人都在眉飞色舞地谈论股票。我有个同学从家里拿来几万元人民币，开始炒股。我每天会到他寝室里，去请教他一些炒股的经验。

应该说当时大家对证券市场是一无所知的。人们总是凭借过去的趋势去猜测未来。这和我们漫长进化过来的思维方式是相关的。一个猎人在一个地方打到一头鹿，他就会相信，大概率以后还会有一头鹿在那里出现。于是他就会一遍一遍到那个地方。另外一个猎人，如果用一个陷阱，获得了一个猎物。那他就会一遍又一遍的尝试同样的陷阱，试图获得下一个猎物。炒股的人也不例外，看见股票一路高涨，就会觉得未来也会一路高涨。

我当时对于股票的唯一知识，就是来自矛盾写的小说《子夜》。我都不知道，小说中的老板到底是怎样炒股把自己炒破产的？因为小说里没有交代。小说里只是提到他把自己的女儿送给股票大亨，期待得到一些内线消息。

1987 年美国发生股灾的时候。我们在中国也关注到这个新闻。可是当时我最疑惑的就是，股市到底是怎么消灭财富的？股票下跌，凭什么财富就消失了呢？股票不是和赌场一样，是互相买卖筹码的地方么？有人挣钱有人赔钱，无非就是从一个口袋里转到了另外一个口袋里，是个零和游戏。凭什么就说股票下跌了，社会的财富消失了呢？应该社会的总财富没有改变才对。

对于这个问题，当时我百思不得其解。应该说，1987 年的时候，我问遍了所有我当时认识的成年人，没有一个人能给我一个令人信服的答案。这个问题直到十几年之后我到了美国，学习了证券和经济学之后，才知道为什么股票下跌的的确确是凭空消灭了财富。

因为早期进入股市的人都挣了钱，所以吸引着更多的人进来。我那个同学从家乡借了几万元炒股，很快就挣到了几十万，然后又从家乡搬来了更多的钱炒股。几十万在当时对我来说是天文数字。那个时代快速变化的财富数字让我有些头晕目眩。因为在记忆中，仅仅是几年前，我还为五分钱而犯愁。

于是我也想能不能用我这 1000 元，也挣上几万元？我每天研究上海证券报，寻找股市黑马。20 世纪 90 年代初，股票盛行的时候，解放前前几十年不用的术语又被翻了出来。我知道什么叫作踩空？什么叫作多头？什么叫作空头？什么叫作割肉？什么叫作抬轿子？

每天中午 12 点广播股评的时候，股评人总是把股市评论得像两军交战一样的热闹。寝室里一群人围着一个十波段收音机听股评，那感觉像听评书。比如股评专家会说今天几点几分的时候，多头入场，红军打败绿军。评书听着精彩，几乎所有的人都不会去看一个公司的财务报表，因为也看不懂。大家基本上都是跟风和凭想象用真金白银去赌博。

这个现象几十年后在美国依然如此。你会发现很多没有受过任何训练的人，甚至连一个公司的财务报表也看不懂的人，从来没有管理过公司也不知道公司是怎么运作的人，每天追涨杀跌，把股市当赌场，认为自己可以通过炒股而挣钱。

后来我在美国读到一本书叫作《Market Wizard》。这是一本访谈的书，作者访谈了十几个短线炒股和炒期货挣钱的人，让他们总结自己金融投资的经验。这本畅销书有一条给试图通过短线炒股挣钱的新手忠告。这个忠告就是："如果你热爱炒股和短线投资，最好在你很穷的时候开始炒"。反正大概率事件是血本无归，因为你很穷，你不可能损失很多，但可以积累很好的经验。

　　我当时没有读这本书，并不知道炒股到底是怎么回事。我只是看着别人挣钱，自己也想挣钱。我兴致盎然地去证券市场开了账户。证券市场里人山人海，挤都挤不进去。里面的人就把钱当手纸一样，都是一摞一摞地拍在柜台上。

　　我怯生生地拿出我这微不足道的1000元，10张票子，递给柜台上的工作人员，让他们帮我开一个账户。工作人员轻蔑地看了我一眼，似乎在说这点钱你还好意思拿出来炒股？

　　不过当时我已经不是 13 岁的时候脸皮那么薄了。我心里想着，别瞧不起人，还不一定最后谁挣钱呢？当时交易大厅里头有一个大屏幕。所有人都对着这个大屏幕，像傻瓜一样昂着头在看价格变化。我开户那天，大盘指数刚刚下跌了 5%左右。根据以前的经验，每一次的回档都意味着下一轮更猛烈的上涨。

　　站在我边上的是一个看上去很老道的中年人。我就和他套近乎，问他是看涨还是看跌？他说他不确定。我还不屑地跟他说："这有什么不确定的，你看看之前十几次，每一次下跌5%~10%，后面马上就会再涨个 30%-50%。既然历史是这样，未来也应该这样啊，有什么道理让未来突然变得跟以前不一样了呢？"我的神奇理论一下子让他愣住了。

　　我接着说"这道理就像黄浦江的水。你看黄浦江的浪，打过来退下去再打过来，退下去。如果过去半年一直是这样，当然就会永远这样了。"那个中年人笑而不语，他只是说"不一定，不确定"。

　　我带着满腔的自信离开了他。开户的当天，我全仓杀入，买进氯碱化工。氯碱化工是一个什么企业其实我一无所知。我只知道当下大量的物资奇缺，而生产这些物资，无论是建筑工地上的、还是工厂里的、还是生活必需品都需要大量的化工原材料。这些原材料不会像洗衣机、冰箱这些东西，大家都喜欢买进口货，必须是国产的，所以买氯碱化工肯定不会错。

我的另外一个同学，也是抱着朴素的心态买股票。他买入的是轮胎股票。他每天跟我们吹他的英明决策。他说你看看我们中国汽车普及率这么低，以后要变成发达国家大概有多少汽车？要生产多少轮胎呀？发动机要进口，轮胎肯定要国产。所以买轮胎肯定不会错。

今天看来这些想法，幼稚而可笑。即使化工行业、汽车行业都要发展，也不见得就轮得上你的那个公司获得发展。一个公司经营有各种各样的风险。公司的未来取决于政策、团队、市场、金融各方面的综合因素。你两眼一抹黑凭什么就肯定这个公司是有希望的呢？即使这个公司会发展，你又怎么知道当下的估价是合理的呢？

我有的时候看网友们炒股，感觉大部分人也是抱着和我们当时一样的信息框架在炒股。只是题材换了一下，名词换了一下。大家觉得电动汽车有希望，所以就买入特斯拉，大家觉得人工智能和 VR 是未来就买入相应的独角兽。

股市最神奇的一件事情就是，等你买入某个股份之后，它就开始下跌了。你买之前它永远是在上涨，好像一切都是针对着你来的。

我买入的氯碱化工也不能例外。在后面很长时间里，我都是坚定的持有者，不愿意卖出割肉。因为那每一分钱都是我辛辛苦苦挣来的血汗钱，我怎么舍得割肉呢？不割肉的后果就是越陷越深。从 1000 元跌到 900 元，然后变到 800 元，最后变到只值 500 元人民币。

当后面更严重的股灾发生的时候，价格继续下跌，我已经懒得再去看它的价格到底是多少了。我的第一次股票经历基本上就是这样，非常符合炒股经典案例。首先是信心满满入场，觉得自己明天就可以翻翻挣钱；然后是安慰自己，这只是市场小的波动，还会涨回来的；接着是否认现实，不再看市场价格；最后惨跌超过 50%之后，就开始找外部原因，有谁害了我？都是那帮证券公司的错，都是政府的错，压根儿就不应该有什么股市，都是骗子。

我倒没有那么愤世嫉俗地去搞游行示威。不过我和所有股市被套牢的人一样，就是我从来没有把我的亏损告诉任何人。我不能告诉我的母亲，那样会让她心脏病发作。我不能告诉我的女朋友，那样会被她严重地鄙视。我甚至不想告诉我炒股的同学，因为他们也总是报喜不报忧。股市里只有胜利者，没有失败者。因为只有胜利者会夸夸其谈，失败者都默默无语。

05 培养费

我的第一笔证券投资就这样打了水漂。给我最大的好处就是不用太大的代价，买了一个深刻的教训。那代价今天看来不大，但在当时也是我一年的积蓄，所以心理上的烙印还是很深刻的。既然一夜暴富的梦想没有实现，我还是老老实实存钱过日子吧。我依旧把 1/3 的收入储存起来。钱就像水库里的水，只要河流不干涸，都会慢慢存起来的。很快我的水库又有了 1000 元人民币。

研究生毕业之后，我依然没有想出国。这 1000 元存款帮我实现了比较平稳的毕业过渡。很多人一毕业需要找亲友借钱安顿生活。因为从毕业离校到第一个月的工资发下来还有一段空档。我没有这样的问题。我用存款把房子租好，把家用的必需品买好，开始我的第一份工作和生活。

90 年代中期的中国是一个收入飞快增长的时期。我大学毕业的时候，大部分人的工资是 100 元人民币。等到我研究生毕业的时候，大部分人的工资已经超过 1000 元了。我第一份工作的基本工资是 1500 元，加上奖金和一些绩效的提成，每个月大概有2000-3000 元的收入。

不过我依旧保持习惯。把 1/3 的钱存起来。我并不知道存钱是为了什么？我并没有打算结婚，也没有打算存钱买房子买车。只是那个时候存钱已经变成了我生活中的一种常态和习惯。手上稍微有一点钱的时候，会让我感到安全一点，避免有什么风吹草动的事情发生，就要去找人借钱的尴尬。

当时上海的房价对我来说还是天文数字。我印象中，徐家汇当时的房子价格在 5000 元每平米。所以我工作一个月不吃不喝也只能买半个平米。如果想买一个 100 平米的住房，那需要不吃不喝 300 个月。这是一件不可能的事情。既然不可能，我也不用多想。当时每个月的生活费，大约在 1000 元左右。住房大概是 300 元，吃饭 300 元，还有一些 300 元左右的零用开支。

一个偶然的机会，我一个大学老师问我，愿不愿意去新加坡留学？我说我没有考 GRE，也没有考托福，不过我英语还不错，如果不用考试就可以出国去看一看当然是好的。那个老师很快帮我联系好，新加坡的这个大学给我的奖学金是 1500 新元每个月。我还是很高兴的，因为折算下来大概有 9000 元人民币每个月。

实话实说，回想我们这代人出国，并没有那么多高尚的理由。当然我们好奇想去看更广阔的世界、去接触新的知识。但是对于 90 年代出国的人，很大部分的动力，还是经济因素。可以不客气地说，我们都是经济移民。这其实没有什么值得遮遮掩掩的。我们可以坦诚地告诉我们的下一代，我们当年出国就是为了更好的生活。美国或者其他发达国家工资收入更高，生活环境更好。所以在我们年轻的时候，选择了出国这一条路。当然我不排除，还有一些其他方面的原因，比如说，更大的自由空间，更多的自我实现。经济因素是一个非常朴素、简单的出国理由。如果没有经济差异的因素，20 世纪 80、90 年代的中国不会出现那么疯狂的出国热。

出国留学第一大困难就是需要钱的投入。因为我刚毕业不久，所以要交给国家教委"教育培养费"。我读了四年本科、两年半研究生，所以我总共要退还 15,000 元人民币的教育培养费。更为不幸的是，我当时毕业工作的时候，我们学校找我的工作单位已经收取了 15,000 元的培养费。

大学找工作单位要培养费，当时不是一个明文合法的事情。可是很多大学都这么做，特别是热门紧俏专业，不然学校不给你转人事关系。我毕业后仅仅工作了半年，单位领导当然不愿意了。单位领导说，你要走可以，但至少要把培养费退给单位。

我于是找到大学，我说我要出国，单位不同意我走，要我走的话必须把学校收的培养费退给单位。大学当然抹下脸对我说，培养费我们只收不退。

我说我只被培养了一遍，你们不可以这样不讲道理。国家教委找我收一笔教育培养费，你们大学又找我收一笔培养费。毕竟我只被培养了一遍，凭什么两边都找我收这笔钱。

当然，你和机关领导是说不通的。每个人只是按照流程办事，完全不讲道理。我不敢得罪我的工作单位领导。因为我得罪了他，他不同意我出国，我一点办法都没有。我的所有人事关系都扣在他手上，他不出介绍信，我办不出护照。

但是我不怕得罪大学毕业生分配办公室的人，因为我已经毕业了。既然他们不讲理，我也只能耍无赖。于是我开始了漫长的软磨硬泡过程。每天毕业办公室的人上班我也就跟着上班。我就坐在毕业办公室主管的对面开始跟她聊天。可能对方是个老太太，我是个小伙子，所以她并不是特别反感和我聊天，没有用暴力驱赶我。于是我们就聊家常，从天气到养生，再到各种八卦。有时毕业生进来要办事，还以为我是工作人员。再往后，干脆我帮她干点儿活。什么复印跑腿的事情，我就帮她代劳了。这样一来二去，她和我建立了比较好的沟通基础。至少不是冷冰冰的公事公办，她会从我的角度，考虑我的难处和不公。

另外，学校的这笔收费的确不合理。第二个星期的时候，她终于受不了了，决定向她的主管领导去请示一下。请示的时候还是帮我美言了几句。所以主管就留下一句话，说你把教委的教育培养费的收据给我们，我们就把这笔培养费退回你原单位。

这件事情基本上得到了比较好地解决。当然也给我上了一课，我学到了两个经验。一个是没有办不成的事情，主要看你有多大的决心。大部分人内心深处是讲道理的，人心都是肉长的。你用时间和感情，会激发他们同情心。另外一件事情就是性别在我们工作和生活中的微妙作用。如果当时办事的人不是个老太太，而是一个大叔。估计他几句就会和我吵起来，然后派保安把我暴力架出去。

异性之间的沟通在我们生活中有很多隐藏的不为人知的力量。为此，我后来还专门写了一个调侃的博客叫作"调情的艺术"，见第十五章，因为内容和那里更贴合。平时生活中我们可以多留意用两性的微妙力量来帮助自己。俗话说，男女搭配，干活不累，差不多就是这个意思。

06 赴美准备

当我来到新加坡的时候，我又是几乎身无分文。我所有的存款都被用去交培养费了。剩下的一些奖金和绩效提成，用来买机票。我是在一片夜色中进的新加坡，当时感觉国外好极了，热带植被很茂密，空气很清新。

不过一开始办入学又不顺利。新加坡大学的学生注册办公室需要我的大学成绩单。我给他毕业证书原件，他说不行，要看到英文版的成绩单。否则办不了入学手续。无法入学，我就没有办法拿到奖学金，而我几乎是两手空空来到的新加坡。钱又开始变成一件让我犯愁的事情。

我只能赶紧打电话给国内大学同学，请他去帮我办成绩单。当时的电话费很贵，对方几乎没有机会回答我的话，我就在一片慌乱中把我的需求说完了。因为手上没钱，让我又只能硬着头皮找师兄借钱。因为生活费还是需要的，住宿费还是需要的，我总不能不吃饭。

借钱的滋味不好受，这样又给我上了一课，就是一定要存钱。年轻的时候你觉得做很多事情都很难。因为你不停地在变动，每一个官僚机构，每个部门，处处给你找各种麻烦，设各种各样的门槛。另外一方面你可以动用的资源又非常有限。你的收入很低，又老搬家，你需要应对各种不确定带来的额外开支。不过好在当时年轻，年轻最好的就是朝气蓬勃，充满精力。一切烦恼睡了一觉之后，都会烟消云散。自己永远对未来充满美好的梦想。

隔了两个月，终于办好入学手续。我拿到奖学金，还了借款，生活安定下来之后，我发现大家都在忙着申请美国的大学。我的同学们，特别是从中国大陆来的同学们，大部分都是申请美国没有成功而选择到新加坡的。这点和我很不一样，我从来没有想过去美国。

不过既然大家都在准备申请美国，我也不可避免地被卷到这个漩涡里。于是我也开始准备 GRE 和托福。这个时候的我，比以前的财力稍微好了一些，我可以负担得起这些考试的基本费用。我的考试成绩还是非常理想的，GRE 和托福都几乎考了满分。考试成绩出来的时候，我师兄对我说，你应该请一桌子人吃饭庆祝一下才对。我没心情庆祝，倒是有些懊悔，早知道 GRE 这么容易，我应该本科就准备出国了，不至于转这么大一个圈子，浪费了这么多年的时间。其实当时在中国，我相信有很多英语比我更好的人，更聪明的人，但是出于经济上的原因，让他们没有办法选择出国这条路。

　　我在新加坡的生活费我印象中差不多是 1000 新元（合 600 美元）一个月。其中 400 新元用来租房，剩下来的是吃饭和零用。存下来的钱，几乎全部用来准备申请美国。当时对我来说，每个大学的申请费用都不低。另外邮寄材料需要一些钱。我去当地的银行办美元银行本票，附在申请材料上一起寄往美国。这些银行本票当时如果在中国办是非常困难的，而且手续费昂贵，在新加坡相对容易一些。

　　我在新加坡没有待很久，等我拿到美国大学的录取通知书和签证之后，我就退学离开了新加坡，回到中国。我陪我母亲生活了一个月的时间，然后就准备行装，赶往美国了。母亲这个时候已经退休，退休工资不高，所以她的生活还像以前一样的节省。我看她用的还是一个双缸洗衣机，就是要把衣服从这个缸里拎出来，洗完之后放到另外一个缸里去甩干。于是我给她买了一个新的全自动洗衣机，花了 1600 元人民币，算是我高中毕业，离家之后给她买的第一个大的家用电器。

　　我另外零零星星地买了一些东西，准备我的出国行囊。当时出国有人甚至行李里面带上烧饭的锅、炒菜的铲子。我倒是没有那么夸张，只是给自己准备了一个小小的旅行箱。母亲陪我去买了一身西装。那个时候可能国外的电影看多了，总觉得欧美发达国家每天都在穿西装。当时全套的西装是 1500 元，算是母亲送给我出国的礼物。

　　等我买好机票，收拾完行装之后，我几乎再次一贫如洗，囊中空空。我口袋里只有 200 美元，就踏上了去美国的航班。可是我没有什么紧张和担心的。虽然我现在一穷二白，但是不要紧，我年轻，我有精力，我有自律的习惯和艰苦奋斗的精神。因为当时我读过的几乎所有的故事都告诉我，美国是个激励人奋发向上的自由土地，只要你聪明且勤劳就能干一番事业。我要到这片新的土地上生活、生长、生儿、育女，大展宏图，开创自己未来的人生。

当时我完全没意识到，其实我自己身上非常有价值的一点，就是已经养成的良好的消费习惯，和在贫穷生活经历中形成的节俭勤劳的美德。

第三章 从 0 到 1 万美元

01 老中的理财经

到机场来接我的同学是一个姓宣的北京人。他父母是北京某大学的老师，家境不错。老宣人晒得黑黑的，猛地一看，挺有美国华侨的范儿。我看到他的时候就想，是不是过几年自己也会变得一样的黑。当时是互联网泡沫渐渐形成的时候，高科技产业正如日中天。他一边开车，一边意气风发地跟我说他在美国的好日子。

老宣比我早两年来到美国，但已经开上了自己的新车。这还不是他的第一辆车，而是他的第二辆车。车还是小意思，关键是他马上就计算机工程专业硕士毕业了，现在在一个叫作 Lucent 的网络公司实习。一方面挣着 Lucent 的工资，一方面在学校上学。而且毕业了不用找工作，Lucent 原则上已经录用了他，年薪 6 万美元。

说完这个，他吹着口哨说自己还没想好是否去 Lucent 工作，因为就业市场实在太好了。他最近几次去外州面试工作，应聘单位都是专门派加长的林肯 Limousine 到机场来接他。那个时候不是你找工作的问题，而是高科技公司抢着招人的问题。Limousine 这样的词汇对我来说还是一个新鲜名词，听他解释之后我才大概想明白。90 年代的上海，我似乎只在"台湾城"的门口见过 Limousine。当时我还好奇，这么长的车,底盘是怎么靠应力处理做到的。

从机场到学校的路很长，要一个多小时。老宣讲完他的美好生活，就开始给我上第一节美国理财课。应该说这几十分钟的理财课让我获益匪浅。几十年后的今天，当我回忆往事的时候，我除了非常感谢他在我绝望之际来接我之外，还有的就是他给我上的几十分钟的理财课。这个理财课让我后来没有犯财务管理的错误。我也不知道他的这些经验是从哪里来的，可能是一代一代的中国学生口口相传下来的。他的理财经，每一条简直都是金科玉律，值得背诵下来，代代相传。

老宣语重心长地告诉我，在美国管理个人财务，一定要做好这几件事：

第一，要积攒自己的信用记录，提高和保持自己的信用分数。我需要尽快去办一个信用卡，然后每个月按时付账单。我问"我没有信用分数怎么能办理信用卡?"他说你可以在自己的开户银行申请。开户银行看你每个月有固定收入之后，通常会批复给你一个小额度的信用卡。最开始可能只有500美元或者1000美元的信用额度。你用了一阵子之后，按时付款，银行就会慢慢帮你提高信用额。再过一两年，当你信用分数超过 700 之后，你就需要找一个给你 Cash back 或者其他福利更高的信用卡。然后你保持只用这一个信用卡，不要开更多的信用卡。信用卡一定要按时满额付清，不要欠款。一旦欠款就会利滚利，越滚越多。不要让银行赚走任何一分钱。如果哪天实在忘了按时付款，记得赶紧打电话给银行解释，不要留下不良记录。

第二，他告诉我，买车最好买一辆五年新的日本二手车。美国没有车是不行的，就像人没有腿，你会寸步难行。五年新的二手车有几个好处：首先它们比较可靠，所以维修成本比较低；另外因为是五年新的车，你不用买全保的保险，只需要买第三方责任险，所以你的保险会便宜一半；此外日本车一般比较省油。欧洲车虽然质量更好，可是系统太复杂，维修成本比较高。美国车安全性能也许更好，结实抗撞，但是车重油耗高也经常容易坏。买日系二手车最重要的好处还有一条，就是这些车很保值。你开几年之后，折旧相对比较慢，残值会比较高。

听到这里，我忍不住问他，你为啥开新车呢？他不好意思地笑笑，说这不是生活好了么？他太太今年已经在高科技公司上班了。两个人一起工作，加一起两个月的收入就可以买一辆车。自己就想享受一下。因为日本车残值高，所以自己上一辆二手车开了两年，卖出的时候，也只比当初买入的价格折旧了 1000 美元。

第三条，他告诉我美国各种人工费用很高。所以自己手脚要勤快，能自己做的事情不要请别人做。比如修车、换机油、换刹车片、换汽车电池呀这些事。房子虽然是租的，房屋维修按理应该房东负责。但是小事情最好自己去修理，这样房东会在房租上给你一些优惠。比如下水道堵了，马桶坏了，门把手坏了，这些小事情尽量自己修，然后给房东报备。每年涨房租的时候，房东会记得优良房客的好处。

第四条，美国金融体系发达，购买什么你都可以贷款。卖家愿意给你贷款，这样让你能够买得起。贷款让一笔大的消费，分散成每个月的支出。这样看起来，好像每月的费用没有增加多少。事实上，这是非常坑人的。因为这些贷款造成了超前消费，让你消费了你本来应该无力消费的东西。最好的策略就是，除了房贷不要有车贷和任何的消费贷款。永远做到现金买车，贷款买房。除了房贷，其他什么贷款，无论是信用卡贷款，还是消费贷款和学生贷款，都不要有。

第五，美国最赚钱的行业就是律师和医生。所以有事没事，千万离律师和医生远一点，不要陷入各种官司和不良生活习惯。

美国是一个你可以找法庭告任何人，也可以任何人告你的国家。大家告来告去，其实很难得到什么好处，最后肥了的都是律师。身体是革命的本钱，一旦生病，各种费用都会比较高，所以平时要保持健康的饮食和积极锻炼身体。

我当时刚从飞机上下来，还在倒时差，对美国的生活是两眼一抹黑，听他的话似懂非懂。但是他严肃认真语重心长的样子，让我几乎是用背诵的方式记住了他的谆谆教诲。他不介意跑了这么远的路来接我一个陌生人，可见是一个热心肠的好人。好人的建议多记住点应该不会有错。

后面老宣又絮絮叨叨地说了其他很多事情。有一条我记得的是他说美国是一个资本主义国家，所以最重要的就是拥有资本。他还举了一个例子，给我深刻的印象。他说我拿了个 Lucent 的录用函(job offer) 每年 6 万美元，咱们可能感觉不错。可是那些在微软工作的工程师们，压根儿不在乎他们的工资收入是多少。工作收入只是他们的零花钱。他们财富的大头是股票。高科技公司都会给员工一些股票。你到美国，一定要学会怎么投资。不能只存钱，股票市场才是财富增长的地方。

我几年前有过中国股市的深刻教训，还处于谈股色变的阶段。对他这句话有些将信将疑，权且听一听。应该说，他的五条理财真经都是非常有用的，条条经典。我后来在美国看到很多人不会过日子，无论是中国人还是美国人，很多时候就是违背了上面五条真经中的一条或者多条。

比如开一个五年新的日本二手车，是一个典型苦哈哈的中产阶级苦逼相，一点都不酷，也不拉风。所以你可以看到，很多年轻人，他们没有什么钱，但却超前消费去买宝马、甲壳虫这样的车。其实最后受伤害的是他们自己的口袋和生活的自由。美国低收入人群尤其喜欢开性价比差的车。汽车厂商花了那么多钱做广告，让你产生错觉，似乎某些品牌的汽车代表着一种文化、一种个性、一种社会阶层。

其实汽车只是一个代步工具，作为代步工具最重要的是性价比。性价比可以用公里油耗、安全测评、折旧率数字指标表达出来的。汽车其实和个性文化没有关系。就好像香烟，香烟只是一种害你上瘾的毒品。你关心的是里面让你欲仙欲死的尼古丁的含量。可是万宝路的广告宣传，让你感觉要做有个性的西部牛仔，就应该抽万宝路一样。类似的例子实在太多，无论是女人用的挎包，还是男人喝的啤酒，商家都通过宣传让你把单纯的消费和某种文化特征联系到一起。其实喝啤酒只会让你肚子变大，和英俊潇洒毫不相干。消费者大多数时候，都是被诱惑驱赶的羊群。要克服这个问题，最好的办法就是独立思考。要特立独行，不要跟着媒体宣传随波逐流。

在中国，特别是在城市生活的中产阶级是可以 afford 四体不勤的生活习惯的，因为中国人工费很便宜。可是很多华人，即使是男生，也把这种四体不勤的生活习惯带到了美国。仿佛他们生下来到这个世界上就应该像五星级饭店里的客人，从来不肯动手修理自己的车和房子。这些都增加了自己的生活成本。

老宣这一路汽车上给我上的理财真经，之后我再也没有从其他地方听到过。总的来说，英美文化里对钱相关的事情是很隐私的。大家既不谈如何花钱，也不谈彼此各自挣了多少钱，更不要说大家都是怎么管理自己的钱了。这位老宣那些经验之谈应该是之前的老中告诉他的。可是之前老中的经验之谈又是从哪里来的呢？也许是我们生活在美国的华人，无论是台湾人还是香港人，从 60、70 年代一路积累下的，代代相传的生活经验。

我非常感谢这些不知名的前辈们。这几条简单的道理，比书本上那些长篇累牍的大知识要实用和重要得多。美国是一个民族的大熔炉，全世界的人民纷至沓来。有的族裔能够相对经济上比较成功，有的族裔经济上一直相对困难，这往往和他们的文化有关。大部分勤劳、节俭的民族日子都不错，好吃懒做，超前消费，不擅长未雨绸缪的民族过得都不咋地。再具体一点，就是在花钱和财富管理这些事情上，日子过得好坏和能否遵循老宣的这些简单的生活道理有一定的关系。

02 穷学生的日子

经过老宣同志的一番鼓励，我对自己的就业前途和生活远景充满信心。那个时候正是网络泡沫的最高峰，只要一工作，就有一份像样的工资可以挣。当时在我眼里那已经是很高的工资，6万美元的年薪，比中国的收入差不多高了 20 倍，按照老宣的说法，也只是零用钱而已。通过公司的股票或者期权，还有更多财富可以挣。榜样的力量是无穷的。当时大量的中国人转入了高科技领域工作，因为我们中国人的数理化基础比较好。哪怕是个拉小提琴的文科生，捡起编程的课程学学就会了。后来知道，连李安这样的大牌导演，在年轻的时候，也一再犹豫过是否转行写程序。

未来很美好，可眼下的生活还是很骨感。仰望星空的同时，每天都需要脚踩大地。钱是当时我面临的非常实际的问题。我带来的 200 美元，在买了一些基本的生活用品、锅碗瓢盆、床铺枕头之后，基本所剩无几。老宣很帮忙，看得出我刚从国内来没有什么钱，所以没找我要第一个月的房租和押金。公寓是分租(Sublease)给我的，所以本质上他是帮我付了押金和第一个月的房租。他说不着急，等你们奖学金发下来之后再还我。我还和他客气了一番。他说没事的，我们中国人都是这样帮忙过来的，以后你再这样帮助其他人就可以了。

可即使这样，我第一个月的生活费也只剩下50美元不到了。男子汉大丈夫，找别人借钱是一件很羞愧的事情。我得想办法，坚持第一个月熬过去。很快有其他的中国同学，周末的时候带我们去超市买菜。这个城市中国人不多。大家都很亲切地互相帮助着，因为整个城市只有 50 多个中国人。大家在超市和学校见到一个中国人都会亲切地打招呼聊上几句。早来的一些中国留学生，特别是已经有了车的那些高年级同学们，会主动带新生去购物和办理一些手续。当时我们开了半个小时的路，去一个华人开的亚洲超市，买一些食物。

转了一大圈，我除了豆腐，大米和一些比较便宜的没什么肉的大肉骨头之外，基本上其他什么都没有买。连 50 美分一瓶的酱油，我都没舍得买。我想有盐就应该够了。因为手上的钱实在不够了。

第一个月生活的窘迫，真是节省到每一分钱。当时手机还没有普及，大家用得最多的是投币电话。投币电话每打一次要 25 美分，正好一个 25 美分硬币(Quarter)。我给另外一个中国学生打电话，约他带我去移民局办理社会安全号码。我对美国的电话系统还不熟悉。四声长声之后，电话留言机录音一跳出来，我的 25 美分，咯噔一下就不见了。我这样打了两次电话，也没找到他本人，我的一瓶酱油就没有了，让我心疼了好一阵子。那个投币电话硬币坠落的咯噔声和后来第一次去拉斯维加斯听到的老虎机的硬币声一样，都让人难以忘记。至此之后，我学会了听到长声三声，对方还没接，我就赶紧挂电话的技巧。

应该说，20世纪90年代末是中国留学生在美国生活习惯转折的一个分水岭。在我之前来的中国留学生们，无论是有学校奖学金资助的，还是没有学校的资助，都是清一色地去餐馆打工。哪怕你有全奖，周末也会抑制不住到餐馆干几天。因为那个时候中国太穷了，在餐馆打工一天挣的钱就顶国内一个月的工资。

所以，无论是学富五斗的访问学者、博士后，还是初出茅庐的高中毕业生，到了美国，第一件事就是找中餐馆打工。他们需要攒钱，给国内的亲戚朋友们购买冰箱、洗衣机这些家电商品。也是因为海外华人能够买这些东西，国内那些有海外关系的人才会变得有面子。

而90年代末我来的时候，中国人开始渐渐出现有奖学金资助的学生们不再打工的情景。我自己就从来没有去餐馆打过一天工。主要原因是国内变得富裕了一些。两地差异没有那么大了，家用电器也基本国产化了，大家不再需要海外亲戚购买这些东西。

当时我虽然觉得自己很穷，可是现在回想一下，比同时期看上去比我富裕的美国学生可能要稍好一些。尽管我身无分文，可是我也没有欠下任何学生贷款。很多看起来比我潇洒有钱的美国学生，读本科的时候已经欠了一屁股债。而我连国内大学的培养费都靠自己的力量还清了，恩怨两断。我可以骄傲地说我所有的学费都是自己挣的。不过，当时我对美国学生的经济状况，特别是他们的负债情况不了解，觉得自己是美国社会最底层的赤贫阶层。其实一文不名的我，比欠了几万美元的人更富有。

觉得自己是赤贫阶层的心态，可能对于以后都有很大的帮助。在美国你能看到很多中低收入阶层的普通人，却忙着买 LV 包和进口车来装饰自己，来显示自己的身份。比如在湾区，中位数的家庭年薪收入在 15 万美元左右。可是很多年收入不足 10 万美元的家庭，却非要把自己装饰得像富裕的中产阶级家庭一样，生怕被他人看不起。

那个接我的老宣，后来熟悉起来之后，和我说了他刚到美国时候的悲惨故事。他来美国的时候，什么资助都没有，是按照 F2 探亲签证跟着他爱人一起来的。到美国之后，他很快就申请到了学校的入学资格。不过每学期需要攒钱交学费，因为作为外国人，没人给他贷款。一个大男人，当然不能忍受靠老婆的奖学金资助过日子的生活，所以他就一头扎进了中餐馆，从勤杂工

(Busboy)到服务生(Waiter)昏天黑地地干了起来。每天累得回到家里一动都不想动，脚肿得鞋子都穿不进去。

有一个下雪天，他从中餐馆下了班回家。因为天黑路滑，他一个跟头扎在雪堆里，半天爬不起来。他说他几乎在雪堆里哭了有十几分钟，觉得自己干脆一头撞死算了。因为以前他在国内的时候，无论怎么样也是城市的中产阶级家庭出身，父母都是北京名牌大学的教授，没有吃过这样的苦。听他描述他曾经的艰苦，我觉得我那 50 美分一瓶酱油的拮据，根本不是什么事儿。前途是光明的，眼下这些困难都不是事儿。

我在美国头半年的生活用品，相当一部分来自救世军(Salvation army)。我的第一辆自行车是和另外一个同学一起买的。半新的两辆自行车加在一起 10 美元。有了自行车，我们就可以去逛庭院出售(Yard sale)。吃饭的碗、台灯、厨房用品、镜框、笔记本、滑冰鞋这些东西似乎都是用一美元、两美元从庭院出售（Yard sale）和救世军(Salvation army) 买来的。有些东西用了十几年还没有坏。

我喜欢逛庭院出售和救世军的习惯持续了很多年。即使后来我们家庭收入一年有 15 万美元。到周末的时候，还是喜欢去庭院出售上看看，当然那个时候已经很少在庭院出售买东西了。一方面是去寻找一些怀旧的感觉。更多的时候，是提醒自己少买东西。看一些老人去世之后的整家售(Estate Sale)的时候，你经常会感慨一个人的一生怎么可以积攒那么多完全无用的东西，堆积成山的破烂。这个时候就会不断提醒和告诫自己，除非是真正有用的东西，尽量不要轻易购买东西。否则最后你的家最终就会变成一个堆满破烂的大仓库。

这个习惯在我写这本书的时候又被加强了一下。我给自己立下一个约束：就是每买进一样东西，无论是什么东西，家里必须扔掉一个同样大小的东西。比如我买进一件衣服，必须清理出去一件衣服。买进一件家具，必须家里也要清理出去一件家具。这样一方面可以保持家里宽敞和轻松的生活环境。另外一方面，可以抑制自己的的"冲动型"消费。很多消费如果仔细分析，其实都是因为你在享受购买和拥有的那一刻心情，而需求本身是被想象出来的。女士们你真的需要那么多鞋、那么多衣服吗？男士们，你们真的需要那么多电子设备吗？厨房真的需要那么多用具么？仔细看看，你们家里有多少东西十几年都没有碰一下了？

03 奖学金生死线

来美的第一学期我担任一门本科专业课的教学助理TA(Teaching Assitant)。可能是我 GRE 和托福分数比较高，让学校觉得我即使没有美国的生活经历，也可以胜任这个角色。我的导师是一个叫迈克(Michael)的中年人，是一个典型的美国人，一个热情开朗充满阳光的人。不过他对自己的工作却不是特别努力，工作虽然一丝不苟，但是按时下班回家，一到周末连他影子你都找不到。

可是我对自己的口语不甚满意。我怕对不起他对我的期待，所以工作得格外努力。每次上答疑课，我会把所有的作业在黑板上讲解一遍完整的过程。其他助教的答疑课，总是零零星星地来几个学生。我的答疑课经常来十几个学生，有时甚至超过一半。因为跟着我做作业，比他们自己做作业要快一点。

那个时候还没有流行用 PPT 讲课。每次上课之前，我会先到教室，问一下迈克是否有什么公式需要提前写在黑板上。其实我也知道他并不介意自己一边上课一边写那些公式。但是我想额外的认真态度总是好的。每次下课之后我都会在教室里多逗留一段时间，直到最后一个同学走。这样有什么问题我可以迅速帮他们解答。也许是我的努力和用心，同学们对我的评价一直很好，迈克对我的工作也很满意。

　　这些努力一方面是我想把这份工作做好。每个人大多数时候，都渴望获得周围人对自己的认可。而这些认可又会促进他进一步的努力工作和额外的付出。一旦进入正反馈，一切都变得顺利而容易。

　　但是这些努力最开始的动力，并不完全是热爱学习。其实很大一部分来自财务的压力。我不得不把这个工作做好，因为我需要建立自己良好的口碑。学校给我的 TA 位置，只支持我一年。第二年，我必须得找到一个研究助理 RA (Research Assistant) 的工作。有了资助，才能支付我的学费和生活费。如果失去了学校的资助，我没有钱注册足够多的学分，就没有办法保持自己合法的 F1 留学身份，我就不得不退学。

　　在美国退学和在中国退学可不一样。因为我是学生签证身份，一旦退学就必须离开美国。所以找到研究助理的工作对于其他美国人而言，可能是改善经济状况，可有可无。对我却是生死攸关，必须全力以赴的重要事情。

　　迈克在第二学期一开学，告诉我另外一个学院有一个研究助理的位置在招人。我毫不犹豫就决定去申请这个位置。很多博士生在申请研究助理的时候，会想着和他们的研究兴趣是否一致，以及研究助理的工作是否能对他们博士论文有所帮助。我没有这样的奢侈条件，有奶就是娘。因为研究助理和全额资助对我来说是像呼吸一样的重要，一口气都不能断。

　　那天导师面试的时候，很多学生都是拿着自己的简历去应聘的。我去之前，把这个教授要做的研究内容弄明白之后，花了一个星期的时间，把整个实验室的改造方案用图纸画了出来，然后把相应实验室改造实施计划、预算、日期安排打印出来装订好。面试的时候，几句话介绍完我自己，我就把这些材料在她桌子上一放。

这位教授几乎没有问我任何简历上的问题。而是花了一个多小时和我讨论我写的实验方案。面试出来之后，我知道这个工作我肯定拿到了。

学习对我来说从来不是一件难的事情。这其实非常感谢在中国大学里打下的基础。虽然我上大学的时候，本科生的学风并不好。但是中国大学理工科的分科往往比较早，大四的时候理工科的学生都会被安排上本专业分支领域里很深的课程。这些课程的深度往往相当于美国研究生的课程。等到读研究生的时候，因为中国的硕士研究生是 2 年半的学制，所以论文深度比美国一年制的硕士要深很多，相当于小半个博士的论文。有了这些基础，对我来说，写一个实验方案非常轻松。美国的博士生课程也很容易，大部分都是我很熟悉的内容。

到美国的第二学期，我选了四门课，同时还要兼职一份 TA 和 RA 的工作。RA 和 TA 的工作，从理论上讲都是每周 20 小时。但是按照移民局的规定，我的兼职工作不能超过 20 个小时每周。所以那份 RA 的工作，我干脆就没要钱。我和聘任我的教授说，我先免费帮你做，以后正式转成 RA 了再说。

我几乎每天都泡在实验室里。从早上 8 点一直到晚上 11 点。每次晚上我到工程学院大楼里的时候，我发现大楼里，剩下的几乎都是中国学生。中国学生从中学开始，就有晚自习的习惯。其实这个习惯很好，这样让我们每天得有三个半天的完整工作时间。分别是上午四个小时，下午四个小时和晚上四个小时。似乎其他国家的留学生或者美国学生没有像我们这样的作息表。

我做的这份 RA 工作，涉及整个实验室的改造。第一件事情，就是把原有的实验室一分为二，要修一面四米长三米高的墙。我没有去请外面的 Contractor 来修这面墙，因为我觉得这是我锻炼自己动手能力的一个好机会。我雇美国同学开车去商店直接买来了大张的石膏板(drywall),然后从安装桩子和梁开始，打上龙骨，然后把石膏板安装在龙骨之上。

那个时候还没有油管(YouTube)这样的东西。我去图书馆借了一本如何装修的书，也咨询了美国同学，之后就开始自己摸索着干了起来。美国同学普遍动手能力比中国学生要强。因为他们从小家庭的居住环境，让他们有修房子和修汽车的经验。中国学生多半都是住在高层公寓里出生。他们对很多装修的工具都不熟悉，甚至从来没有见过。

这个经验其实对我后来自己装修房子有很大的帮助。年轻的时候多吃些苦，多学习一些东西，肯定不是件坏事。虽然那个时候我还没有想到，自己以后会投资房地产。只是我觉得到了美国这样的新环境，不会的东西我应该学一下。实验室的改建涉及墙、吊顶、架空地板、通风空调系统。经历过这样一个大的装修之后，我最大的收获就是以后不再害怕任何和房屋装修有关的内容了。美国的房屋多半都是木质结构，大部分装修其实都是简单的木工活，公差精度要求不高。只要弄懂它们基本的建造机理，房屋装修都是可以 DIY，凭一己之力去完成的。

我花了半个学期的时间去改造实验室。装完墙后我去改装通风空调系统，安装过滤器和控制元器件。虽然那半个学期，没有因为这些劳动有额外收入。但我觉得我的收获很多。还有更重要的是我和我未来的导师建立了信任和默契。别人解决不了的问题，失败的实验，最后总是让我出场去解决。也是因为这些信任让我一直有比较稳定的 RA 收入。她经费再紧张，总是保证我的资助充足。在整个博士工作期间，我不用再担心钱的问题。

人都是善良和有同情心的。年轻的时候不要太在意一时的得失。如果有机会让别人欠你一些人情，肯定是件好事。我们俗话里经常说，先做人再做事，基本上就是这个道理。

04 外快

我当时一个月的奖学金收入大概是 1200 美元。扣除基本的房租水电和饭钱之后，我每个月可以节省下 500 美元。我用的家具都是其他毕业同学转卖或者免费给我的。那些床垫，电视和家具，其实看着都挺好的。我没有奢侈地一个人住，我和其他几个中国学生生活在一起，分担房租，这样生活也充满乐趣。

差不多过了十个月之后，我大约存了 4000 多美元，有足够的钱去买自己的第一辆汽车。买车的时候，汽车店里的人，总是会问你，每个月可以负担多少钱？比如你说如果每个月有 200 美元的预算，他们会帮你反算过来，你应该买什么样价位的车。这种不看总价，只看每个月月供的买车方式是车行最容易做手脚的赚钱方式。

这时候我想起来老宣一下飞机的时候给我的劝告，那五条理财真经。买车不要贷款，我才不上汽车店销售员的当呢。我有多少钱，每个月有多少预算干你什么事？所以我理都没有理他的话。我就是要现金买车，而且我有多少现金不告诉你。用这个办法，我买了一辆自己的车，一辆五年新的本田思域 (Honda Civic)。和我同时期来的同学，也有贷款买新车的。我印象里有个女生存了两年的钱加上贷款，买了一个甲壳虫的新车。只是因为她喜欢甲壳虫的外形。

车对我来说只是获得更大自由的工具。那些所谓的车型啊、形象宣传、操控感、百公里加速度，我觉得都是商家的阴谋诡计。其实大家都知道，你的收入情况是怎么样的。你对生活的品味可以通过各种方式表达和投射出来，可以是你的言行举止、你的着装、你的谈吐。大家其实不会因为你开一辆甲壳虫或者宝马，而觉得你更像淑女和绅士。你也没有必要通过这些东西来自我表达。那只会说明你是多么不自信啊。

这就是我自己的性格特点，我不是特别喜欢表面浮夸的东西，我喜欢实实在在的真相。我也不介意别人如何看我。我更介意的是，自己如何评价自己。那些生活在别人目光里的人，在我看来，都是随波逐流，人云亦云的傻瓜。生命只有一次，为什么不做一个特立独行的人呢？

有了自己的车，我迅速地提高自己的生活质量。一方面我不用再靠别人帮忙去买菜。另外一方面，我也可以帮助别人。通过帮助别人，让自己认识更多的人，扩大自己的交际面。因为能开车了，通过这些交际面，我可以兼职挣一些外快。

印象最深的是一个录音的兼职外快。有一个台湾人在写一本给美国人和西方人用的，学中文的教材。他在找一个有标准的普通话发音的人，录制教材中的中文对白。看到广告我立刻打电话过去。我告诉他，我的中文很标准，因为我刚来美国不久，还没有被美式中文发音污染。现在想想这个"美式中文发音"实在是我为了证明自己独一无二，捏造出来的。第一代中国人移民，哪里有什么"美式中文发音"。那个台湾人问我，你是北京人吗？

我说我不是北京人，但是北京人的普通话其实并不标准，他们有很重的儿化音，相当一部分儿化音是多余的。另外，他们说话的夸张腔调和油滑的语气，也不应该是中文教材使用的标准发音模式。

我自己在中国的北方和南方生活了几乎一模一样多的时间。所以我的口音里几乎听不出任何方言的痕迹。如果我和东北人相处一阵子，我说话就会稍稍带着一点东北腔。如果和河南人待一起，我就会被他们带着说河南腔。同寝室的南方人话说多了，有的时候就 L 和 N 的音不分，我有时也会跟着有些混淆。总之我的语音才是正宗的普通话，融合各地方言特点。

可能是我说的道理打动了他，也可能是我电话里的普通话听上去还比较标准。台湾普通话虽然也标准，但是他们总是不可避免地带着一些台湾腔。于是他同意我去他录音棚里去试音，一个小时 15 美元。

我对 15 美元每小时的收入并不是特别在意，只要有钱挣就可以。我觉得到了一个新的地方，就应该尽可能地去探索这个地方，尽可能地接触更多的人，了解可能的一切机会。录音持续了一个多月我挣了一笔不大不小的外快，大约 500 美元的样子。我也学习到了一些新东西，比如我知道，怎么样在录音的时候，控制自己的语气和语速，如何控制呼吸。如何用主观意志控制自己，做到不带任何一点地方口音。当然最重要的是有这段经历之后，我对自己的声音更加自信了。大部分人第一次听自己的声音都会觉得很奇怪，甚至担心有些难听和自卑。我则没有这些问题。另外想到教材里我的声音能够被众多的中文学习者反复聆听和模仿，这本身难道不就已经足够让人快乐了吗？

05 实习

我用了一年半的时间，几乎是全 A 成绩，修完了所有的博士毕业需要的课程。好像只有一门课是 A-。我在想，其中可能很大的原因，不单是自己基础比较好，可能还是自己花的时间比其他同学多。和我同时期来的也有中东和泰国来的学生。泰国在亚洲经济危机之前，经济正值如日中天的时候，很多泰国的有钱人把他们的子女送到美国来读书。

其中有几个泰国同学和我关系不错，他们基础也很好，人也很聪明。可是他们似乎没有我这样用功。我觉得很大的原因是，当时我相对贫穷。因为贫穷所以没有安全感，因为没有安全感，所以需要格外地努力。

我和很多中国学生一样，是没有退路的，我们并不打算毕业之后回到中国。我们需要良好的成绩和口碑帮助我们在美国找到工作。而那些富裕一点的国家来的人，他们读书只是为了镀金。

打个比较夸张的比方，就是金正恩同志也是瑞士留学的。可是我觉得他留学期间，没有学到什么有用的东西，他只是像在瑞士的豪华公寓里住过一段时间一样。留学本身并不是单单学习课本的知识，而是融入一种全新的生活状态，那种生活状态给人的成长和历练，是书本知识无法比拟的。

富裕家庭来美国留学的外国人，他们的体验往往只侧重在书本的知识，并没有融入这种全新的生活方式。我这里是不带任何种族和地域偏见的。因为在我当时的同学里，还有一个是台湾来的留学生。他也是地地道道的中国人，台湾的外省人。他家里给他在台湾安排好了未来，他读博士的时候，家里已经帮他在台湾大学里基本谋好了教职。所以他只需要拿到博士毕业证，回去之后就有一份稳定体面的工作。读书的时候我看他也不是很努力，每天忙着和自己的太太过过小日子，只是到学校里上上课、交交作业走流程毕业。

一个人一旦树立了一种固定的口碑和人设，那他就会努力地去维持这种口碑和人设。我在我们专业的圈子里，不知道怎么地，稀里糊涂就变成了中国来的学霸。所以我就会更加努力地去证明自己是个学霸。实验室搞不定的事情大家都会来找我。复杂和有难度的作业，大家都找我来对答案再上交。

因为我预期其他同学会来找我对答案，所以我就必须第一个把作业做好。这逼得我没有拖沓的习惯，每次作业布置下来，我总是努力当日完成。我当时的一个座右铭就是"当日事，当日毕"。因为实验室有搞不定的事情，大家习惯了都会来找我，所以我对实验室所有的硬件和软件，比任何人都更加熟悉。

一个人是很难在孤独中做成某件事情，或者成为某一种人的。目标的实现往往都是他所处的环境与自身在互动的过程中渐渐做到的。如果你有某个目标，成败的关键是能否给自己制造这样的一个环境。我大约是在这个时候明白这个道理。这个道理也是让我后来在开始制定自己十年一千万理财计划的时候，决定先营造这样一个环境和期待氛围，然后在这样一个环境和氛围中，把自己推着一步步去实现这个目标。

换一句话说，就是闷声是做不了大事的。如果要实现某个理想和目标，最好的办法就是先把这些理想和目标公布出来。因为只有公布出来的目标和理想，你才会感受到周围人的压力。也因为这些压力，就会让你更加努力地去实现这些目标与理想。

我的 TA 第二年就结束了。因为我有比较好的口碑，有一次一个挺不错的咨询公司来我们专业招聘实习生 intern 的时候，迈克极力推荐了我。当时办公室十几个学生一起去面试这个intern。最后拿到了录用函(job offer) 的只有我一个。当然，在美国要出去工作，没有车是不可能的。也是亏得我第一年攒了些钱，买了一辆车，让自己有了这方面的自由。

有了这个 intern 的工作，我的收入进一步提高了。我读书的时候挣两份钱，一份是学校给我的一周 20 小时的 RA，一份是每周 20 小时的 intern。移民局在 F1 签证的规定里面，明确说明全职读书的学生每周工作最多不能超过 20 小时，但是有一个 CT 课程训练(curriculum training) 的例外。CT 的许可申请批下来之后，我就去公司上班了。

当然，我也得感谢我自己的导师，这方面她并没有限制我。她还是本着教书育人的角度出发，认为去工业界工作一下，对我是件好事。再说，她交给我的工作都可以完成，所以她并没有什么道理反对我每周去咨询公司工作两天。

工作内容对我来说其实一点都不难。不过那个时候我第一次比较深度地接触到美国中产阶级的生活，对他们的财务状况有所了解之后，感到有些吃惊。总的来说就是美国的中产阶级比我想象的要穷很多。

我在咨询公司的工作搭档是一个叫作大卫(David)的美国人。他这个人和他的名字一样，都是最普通最流行，最不起眼的美国人。他有些憨厚，稍微有些胖。老老实实地工作，老老实实地交税，老老实实地谈女友，结婚生孩子。他们的思维很淳朴，一辈子生活在他们从小长大的地方，从来没有到其他地方生活过，也不知道其他地方的世界到底是怎么运行的。他们大体印象就是美国最先进，其他地方不是战乱就是贫穷。David 每天只是上上班，下班之后去跟朋友们约会一下，周末去教堂祈祷一下，然后去山里头消耗一些时间。每年争取出去度假一次。他并没有什么太高的理想，也没有什么远大的抱负，也不关心世界有哪些变化，只想过平静简单的生活。

大卫和我关系很好，我第一次拿到工资单的时候，我看不懂，因为觉得东扣西扣的，似乎比我原来预期的少了不少钱，于是就找他请教。他详细地给我解释了一圈每个扣除项：联邦税、州税、失业保险、社保、健保(Medicare)，延税退休计划(401K)。听我抱怨美国的税太多，他就把自己的工资单拿出来给我看他交了多少税，还和我进行一起对比分析。大部分美国人是比较私密的，不愿让别人看到他们挣到多少钱。但是这个大卫人很憨厚，他似乎不是特别介意。

我看到他当时的工资大概是一个月 4000 美元的样子。他本科毕业就工作，每年的年薪大概是 5 万美元。在各种退休保险社会安全税和联邦税七七八八扣下来之后，他每个月到手的钱只有 2500 美元都不到。

而我因为是做两份工，一个是学校的 RA，一个是在企业的工作。我每个月净到手的收入竟然比他还要高一些。我没问他每个月可以存多少钱，但我看得出他基本上是一个月光族(live paycheck by paycheck) 的人。因为那些账简单一算就知道。他住的公寓，一个月就要 1200 美元。还要支付各种生活费和汽车贷款，还要出去玩，我估计他平时一分钱也省不下来的。而我却可以省挺多钱的，每个月我将近可以存 1500~2000 美元，因为我学校的收入不需要扣除各种社会保险和养老费。

你的收入再高，如果每个月没有结余，好比你在一条大河游泳。河水流量再大，你再辛苦地划臂，也是白忙活了一圈，什么都不属于你。相反，即使你收入低，但是如果你能控制自己的支出，能有结余，哪怕是条小溪，只要有水坝，就一定会有一池子的水属于你。

在银行电子支付还不发达的时候，你的财务流水至少还能在你银行稍作停留，让你享受一下挥手书写支票的快感。银行电子支付发达之后，银行只是给你一个账单，你那些辛辛苦苦挣来的钱进来转瞬就又出去了。好像你不曾拥有过那些钱一样。

那个时候，我还和大卫争论了一下，退休金和社会保险的必要性。我说这是一个没有道理的荒唐事情。社会保险等于我年轻的时候，每个月挣的钱交给政府。然后指望老的时候政府来养我。干吗不能变成我每个月存钱，我老的时候我自己养自己不就完了。经过政府这一道手续，效率肯定低，难免有大锅饭的浪费。

401K 也是一件荒唐的事。我为什么要把钱交给公司指定管理的计划(Program)里头，然后按照基金公司的规定去买股票。为什么我不能自己存钱自己管理。我从小就知道把钱交给别人管，是一件很危险的事情。我的猪娃娃里的钱，交给我妈妈去管，之后我就再也没有看到那笔钱的影子。连亲妈都靠不住，那些职业经理人怎么可能靠得住？这世上，没有人可能比你自己对自己的钱更加上心。

大卫跟我说，那万一有的人不存钱怎么办呢？年轻的时候不存钱，老了之后政府总不能让他们流浪街头。我就跟他反着说，我说因为政府告诉大家，政府不会让大家流浪街头，大家有了这样的期待，所以他们自然就不会存钱。要是政府，明天就告诉大家，你们各管各的，没钱了自己饿死活该，估计每个人都会兢兢业业的，把自己照顾得好好的。

他说以前也是这样的，后来大家发现不行，所以才变成现在这个样子。然后我们讨论了很多大萧条和社保基金起源的事情。那些故事我以前就知道，社保其实是合法的旁氏骗局。一个好的社会需要给每一个人最基本的保障，让每个公民有安全感，知道在最糟糕的情况下仍然有饭吃，有地方可以睡觉，也许这些可以作为社保存在的理由。只是我不知道 401K 存在的道理是什么？他也讲不出来，到底是什么样的经济危机，促进了 401K 的生成？为什么不让自己管好自己的 401K，而是一定要通过公司指定的投资基金？

David 是月月光还是能存钱下来我管不着。反正我当时既不用扣 401K，我在学校的收入也不用扣社会安全税和 Medicare，所以我钱包鼓鼓的.不像他每个月要吃光用尽,然后将来可怜巴巴地看着账单等政府给他养老，或者等基金经理给他好的投资回报。我要把钱捏在自己的手里，也要把自己的命运捏在自己的手里。

另外一方面我也是对大卫深深的同情。他是一个特别朴素，认真工作的人。可是这样的制度，让他根本没有办法去做任何的主动投资，发挥自己的聪明才智。往好了说是大河里整日奔忙的游泳健将，往差里说，他像骡子和马一样，每个月辛辛苦苦周而复始地工作。工作了一年，手头却一无所得，搞不好还要倒欠信用卡公司一笔债。很多美国人圣诞节买礼物的钱，要到来年 2 月份才付得清。一方面自己信用卡上支付着 15% 的利息，欠着学生贷款，一方面自己存 401K，然后指望基金经理能认真负责地给自己 7% 的投资回报。政府还煞有其事地说自己的政策好，为中产阶级谋求了福利。

问题是这样年复一年的工作，因为你没有存款，你永远处在各种风险之下。年终的时候，大老板 CEO 开会，还专门强调，我们的公司兴旺发达，大家不用担心失业。我们还会继续雇佣更多的人，不会解雇任何人。难道不失业，就是努力工作的最高追求吗？这样永远没有存款，吃光用尽，一眼望不到头的日子可不是我万里迢迢到美国来想要的。

我在中国的时候，虽然收入低，但是大家从来不用担心失业的风险。至少年轻的大学生随时是可以找到工作的。大部分企业都是扩张扩张再扩张。中国好像没有哪个公司认为自己不用裁员就是一个好公司了。美国公司不会裁员的夸耀还是经济繁荣的时候公司 CEO 说的话，经济萧条的时候，岂不是更惨。

美国的中产阶级的生活其实比我们想象的要苦。只是他们中间的大多数从来没有和低税的地区比如香港、新加坡、日本、台湾做过比较。他们沉重的经济负担，并不是来自工作。而是政府通过各种名目轻易地就拿走了他们三分之一以上的收入。而且你挣的越多，政府拿走的就越多。

中国那个时候还没有社会保险，个税也不严格，也是一个低税的国家。你挣的每一分钱都是你自己的。相比之下，我似乎觉得后者更好一些。可是我这个道理，没有办法说服任何一个美国人。也许是美国社会整体经济更发达，说起这个话题的时候，他们总是天然的觉得，美国的制度要比落后的亚洲发展中国家先进很多。

事实上连中国人自己都觉得美国的制度比中国先进很多。很快中国后来就引入了社保的概念。从一份社保开始，一直发展到后面的五险一金。一个劳动者有六种费用需要交纳。当然这六种费用，美其名曰，都是为了你好。都是说在你没钱的时候，这些缴纳的费用，会给你一些生活的保障。可是你看看中国的社保基金，每年的回报利率只有 2%~3%。你被迫存进去的钱最后都是被通货膨胀吃掉了。

每次和人讨论这个问题，进行辩论的时候，我就说，如果觉得这样的制度好，为什么不给人民一个自由的选择。一种是你交纳社保，老了让政府来养我。一种是选择今天我什么费用都不交，以后我也自己管自己。我相信用脚投票的时候，绝大多数的人都会选择后者。

我是经历过包产到户之前，农村大锅饭时代的人。大锅饭的时候，一切听上去都很不错，政府拍着胸脯大包大揽。其实最终政府什么也包不了，既无法保证你能有病看得起医生，也无法保证你孩子有裤子穿。单干户的生产积极性显然比大锅饭更有效。不过这些道理，永远和美国人说不清。渐渐我也就放弃了。我觉得他们大多数人抱着一种天然的信仰。就是他们现在这个制度，应该是比较好的，至少比落后的共产主义中国好。

别人的事情我管不了。我自己的财富增长得很快让我很开心。我在这个公司实习做了大半年之后，差不多手上有了一万美元。那是我第一次有一万美元。折合八万多人民币。我看着银行里的存款，着实激动了一番。手上有粮，心中不慌。有了基本的储蓄，生活才稍稍有些安全感。手上一分钱都没有的人，一个风吹草动，生活就会给你颜色看。

现在我不用特别担心下个学期我没有奖学金资助了。以前没有资助，就没有办法付学费。没有付足够多学分(credit point)，我就不能保持合法的学生身份。现在不一样了，实在不行，我也是可以自己付学费的。

当然并不是所有的事情都一帆风顺。学习本身不是一件难事，我自己的博士论文也进展顺利，实验室大大小小的事情我都可以搞定。可是我唯一搞不定的就是我的英语。有人有语言的天分，有人没有。很不幸，我就属于后者。我的英语写作一直不是很好。这件事情困扰了我很多年，包括今天，我在写这本书的时候，为了更好地表达，我只能拿中文写作。

当然，也可能是我给自己找借口。每个人的内心都是自己永远正确。我也不能例外。我的理由就是我没见过一个中文和英文都能写得很好的人。除了极个别的语言大师，比如林语堂、梁实秋这样的人。似乎一个人脑子里能够承载的语言能力，只有这么多。如果你中文很好，你的英文总是会弱一些。你的英语听说可以很好，但是可能写作不太好。英语写作能力很强的人，中文肯定写不好，不会有那种流动感，语言本身也会干巴巴的。两种语言总是要顾此失彼，一个人只能擅长用一种语言来写作。

我在用英语写作的时候，我的注意力会关注在语法和结构，写作的灵感就会顿时失去。灵感这东西有时候是非常微妙的事情。用键盘写作和用纸笔写作，灵感都会不一样。所以我用英文写作的时候，写出来的东西总是像数学公式一样干巴巴。

我用了两年半的时间就完成了我博士论文的绝大多数内容。可是我几乎用了一年半的时间写我的博士论文。怎么写都是不对头，只能复述干巴巴的结果，没有思如泉涌的感觉。这让我很痛苦，我的导师对我也很有怨言。她帮我改过我写的期刊论文，但是这次明确对我说，不会花时间帮我改我的大论文。大论文是我唯一署名的作品，无论是内容还是语言本身的问题，都需要我自己去解决。

我没有办法只好辞去实习工作，开始了漫长的撰写论文的努力。英文写作可能是很多中国人在美国难以克服的障碍。我后来工作的一个白人老板开玩笑地说，你们中国人会写英文文章么？"Can Chinese write English?" 他这话有些歧视的味道。但是的的确确是大实话。他说从来没见过任何一个来自中国大陆的中国人写出一篇好的英文文章。我也没见过具备写中文长篇能力的人能写出一样好的英文文章。我的导师对我很同情。她建议我干脆用中文直接写，然后再翻译。我说不行的，两种语言的思路不一样，不是一个简单翻译的问题。语言中有很多承载信息的描述。但是无论哪种语言，50%以上的内容，其实都是修辞。即使科技类的文献也是如此。没有修辞的只有计算机编程语言。可是那样的语言没人愿意看。

因为没有了实习工资，我的收入一下子减少了很多。每个月我只能存 500 美元了。一直到毕业都是这个样子。国内那边我开始寄一些钱给母亲。直到毕业，我自己手头的存款一直保持在一万到一万五美元之间。

06 投资宣讲会

当然我的生活也不是一直惨兮兮的只有存钱和继续存钱。生活有了基本的安定之后，我很快迷上了各种户外活动。冬天最喜欢的就是滑雪。我会买一个雪季的滑雪通票，然后冬天每个周末都去滑雪。夏天的时候，我和老宣经常一起去钓鱼。钓鱼其实是个经济性很好的运动。你买钓鱼证，一年也不用花多少钱，但每周都可以有新鲜的鱼吃。我还经常去周围爬山。有了车，可以去的范围很多，我把周围的国家公园都逛了一遍。

周末的时候，我还喜欢做一件事，就是到市中心去听歌剧。歌剧的门票并不贵。因为不是什么大牌的歌星，只是当地的一些演出。每次门票大概是五美元左右。但是在我听来，一点都不比那些大牌的歌手唱得差。

我有的时候还去救世军(Salvation army)鼓捣一些旧货。弄得最多的就是密纹唱片。我买了一个二手的旧电唱机，然后去听60年代一些旧的爵士乐的老唱片。那些唱片往往一张只要 10 美分。找到好的唱片可以让你听一个晚上，快乐一个周末。

我还干的一件事情就是更多地阅读大量的书籍。周末我喜欢从图书馆借一摞书，然后把自己关在屋子里一口气读完。当地的一个二手书店，也是我经常去逛的地方。大部分的二手书籍只要1-2美元一本。这些阅读让我进一步开阔了视野。

我说这些并不是想说自己多么会过日子。其实快乐与否和钱的关系并不是很大。我们大部分的娱乐活动并不需要太多的花费。有钱的时候你可以花多一些钱，没多钱的时候你可以花少一些钱，获得的快乐其实差别并不大。同样一本书，新书可以是20美元，旧书可以是 2 美元。一本好书就是好书。新书还是旧书，早看还是晚看差别不大。

夏天我还喜欢干一件事情，就是去山里住在一个小木屋(cabin)里面。当时一个朋友，在山里有一个祖传的小木屋。所以并不需要我们去支付旅馆费用。但是需要我们自己带被褥，走之前打扫干净。cabin 修在山里的一条小溪边上,可以在那里飞钓(fly fishing)，钓山间溪水中的鳟鱼。

生活在美国，很容易爱上她，也容易对这个国家产生感情。因为这里有美丽的山河、朴实的人民。你和当地的老百姓几乎所有的接触都是令人愉快的。陌生人会在街上对你微笑打招呼。一开始，我们这些在中国拥挤城市里长大的人，对陌生人打招呼微笑的行为有些不适应。不过我很快就喜欢上这样纯朴的方式。后来我发现纽约的人民和上海的人民没有什么区别，也是对陌生人一副冷冰冰的脸色。这可能和城市密度有关。乡村的人民总是友善的。

当时我在图书馆里借阅的书籍很少是和经济有关的。除了存钱，我当时对投资理财一窍不通。我们课题组的办公室经常放一份当地的报纸。报纸最后两页，密密麻麻的印着各种股票的价格。我们很多学电子工程和计算机的同学也在兴奋地谈论着各种股票。我对美国所有的股票都一窍不通。那些报纸上的代码对我来说如同天书一样。

但是因为大家对股票的热情很高，中国学生学者联谊会，就组织了一次股票投资的专场介绍会。我们那个城市一个证券基金过来做了一个投资的科普，顺便做一些广告宣传工作。

那次广告宣传工作和我之后看到的所有的投资基金的广告宣传基本上都是一个套路。开场白就是告诉你复利有多么重要，如果你每个月投几百元买入股票，连续坚持二三十年，就会获得多么丰厚的回报。然后就鼓励大家购买他们的基金。如果是退休保险产品的公司，就开始鼓励大家购买他们的退休保险。

当时来介绍的是两个很年轻刚刚工作的人，大概也没有什么经验。反正知道我们都是穷学生，不期待能卖出什么产品，公司就派年轻人来锻炼一下。他们介绍完之后，观众席里有人问。既然股票的大盘指数股这么好，为什么要购买你们的基金？两个年轻人一下子有些答不上来。因为他们的基金压根儿就没有指数表现得更好。

他们当时给了一些模棱两可的解释。他们说他们的基金风险控制得更好。还有，就是他们基金公司的个别基金是常年都能够打败指数股的。听众席里有两种人。一种就是我这样一窍不通的傻瓜，还有一种就是自己已经开始创业的人。我印象中当时一个中国人问他的公司需要达到什么样的规模才能在纳斯达克(Nasdaq)上市？那两个来推销基金的人，显然不知道如何回答这个问题。

当然我也感到很震惊。我刚刚为自己存了 1 万多美元就沾沾自喜，而周围的老中都有公司都快上市了。人和人怎么差距这么大呢？因为刚才那个问问题的人来美国也不过才六年。

2000 年之前，到处流传着各种网络泡沫的神话。有些神话是真实的，有些神话是添油加醋，以讹传讹。当时大家都想去有IPO 的公司。一个比我早来一年的一个电子工程专业的女生，去了湾区的一家公司。后来大家都说她们公司 IPO 了，她一下子成了百万富翁。我也不知道这个故事是真是假，但是当时我逢人也把这个故事跟着流传一遍，反正都是茶余饭后的娱乐。现在想想可能很多当时人们一夜暴富的传说，都是吃瓜群众一遍遍地夸大其词传出来的，哪来的那么多一夜暴富？

我的专业并不是电子和计算机行业，所以 IPO 的可能性基本上是零。可是我也想早点毕业，赶紧去工作。倒不是我特别渴望过着像大卫那样一眼看不到头的生活，而是我觉得经济要不行了，危机就在眼前，我需要赶紧毕业找工作。

07 找工作

那个时候我每周看《时代周刊》这本杂志。这个习惯我已经坚持了将近 20 多年了，可谓该杂志的忠实读者。2000 年前后有一篇文章，我印象很深刻。那篇文章是某一期的封底文章。文章说这个时候再买网络公司股票的人和参加邪教组织没有什么区别。参加邪教组织的人，他们被完全洗了脑，不会听从朋友和亲戚的任何劝阻，把所有的身家性命，拿去给了邪教。当时网络公司如此高的估价，还相信股票会一涨再涨的人，就和那些参加邪教和传销组织的人一样，已经没有办法再和他们讲道理，只能看着他们自取灭亡了。

这篇文章简直救了我。后来很多年里我一直特别关注《时代周刊》(Time)关于经济类的文章评论。《时代周刊》不是一本财经类的杂志，所以它不经常写财经方面的评论。不像其他财经类的杂志，经常是为了销售额和吸引读者眼球，往往喜欢语不惊人死不休。大家关注什么热点，杂志就追踪什么热点。

《时代周刊》关于大的经济形势的文章，经常半年一年，甚至两年才出一篇。但是每次对大的形势判断都很准。2000 年的时候互联网泡沫的顶峰，我是从这篇文章中学到的。2007 年左右，《时代周刊》出过关于房地产泡沫的警惕文章。2012 年前后《时代周刊》出过一篇文章，告诉大家经济会持续繁荣下去。那篇文章还写了一句幽默的话，说这个持续的繁荣千万不要让普通民众和外国人知道，因为那样会招惹很多热钱进入股市，而热钱的进入会导致泡沫崩溃和经济危机。《时代周刊》因为不是财经类杂志，所以这些年我一直拿《时代周刊》的经济评论，作为我对大经济形势的判断依据之一。

互联网泡沫在千年虫危机平安渡过之后达到了顶峰。我当时觉得我一定要赶紧毕业。我需要在大萧条降临之前找一份稳定的工作。这个判断是正确的。几乎就差了半年，就业市场就发生了翻天覆地的变化，从满地都是工作到一个面试机会都找不到。

可是我的论文答辩还没有正式结束。我就和导师提出，我需要去赶紧工作了。不然后面我就再也没有工作的机会了。她似乎很理解我。当我把论文草稿交给她的时候，她就同意我先出去找工作面试，再答辩。所以从这点上来看，我还是非常感谢我在美国一开始遇到的两个导师。他们都不是以自己的利益为最大化的。人性是自私的，大家这点上差别都不是特别大。好人就是在自私的同时还要顾及别人的感受和别人的利益。而那些被冠以坏人称谓的，往往是自己利益最大化，自己的感受最重要，完全无视他人情感和得失。

08 股票基金

当然在这么巨大的互联网泡沫面前，我也不是没有干傻事。当时我读了厚厚一本中国人写的美国投资理财的书。这是一个美国的留学生自己用中文写的书，自己印刷出售。书名我已经忘记了，这本书介绍了美国的税法以及 401K、个人退休账户(IRA)、Roth IRA、养老保险这些退休理财产品。这本书是我对美国各种退休计划的启蒙书，但不是一本好书。他只是介绍了相应的法律条款，并且推崇几乎所有的避税和延税的退休养老计划。书的总体建议就是基金产品大家早买早好，多买多好。

我按照他的建议去当地的一个基金公司开了一个账号。那个公司是在互联网时代赫赫有名的一家基金公司。和富达(Fidelity)这样的百年老店不一样，这个基金公司的口号是"因为专注所以专业"。他们每个基金涵盖的公司数量比传统的基金要少很多，所以在互联网泡沫时代连续保持了 10 余年的高回报。按照我读的老中写的启蒙读物的建议，各种避税和延税退休理财产品中最好的是 Roth IRA。所以我就去那个基金公司开一个 Roth IRA 的账号。那天是公司新基金认购，门口人山人海，排队排了半个多小时，才轮到我被接纳。

我当时是和我的女友一起去的。前台给我看了一个基金介绍手册。那些基金长长的名字，让我实在无从判断哪个基金更好。我女友更加天真可爱，她说手册上这个基金经理长得蛮帅的，估计比较靠谱。各类基金的说明上，除了基金经理的头像，实在看不出其他任何有用的信息。因为每个都写了一堆花里胡哨的好听的话语。要么就是成长，要么就是平衡，要么就是稳健，要么就是资深业务员，行业洗练多年。人和人沟通，如果你没看懂或者没听懂，很多时候是因为表述者不想让你看懂和听懂。投资基金公司就属于这类，喜欢说云里雾里似是而非的话。我觉得相信那些基金手册上的话，和依靠基金经理头像帅不帅做挑选依据，估计也差不了多少，所以就听女友的话找了一个最帅的小伙子的基金去投。

女人喜欢帅哥，男人喜欢美女，这是生理的本能。选总统的时候，英俊年轻的男性候选人会得到更多女性的选票。我们第一次选基金的时候，对美国证券市场的了解程度，基本上就是这个水平。我和我女友唯一不同的地方就是，我知道那些基金介绍都是胡说八道的广告宣传，而她却天真地相信。她和我争论说，美国法律监管得很严，和中国股市不一样。

我没有和她说我母亲和我小时候的故事。监管得再严格，也最多只能让人做到形式和流程上守法。当利益取向不一样的时候，你是不可能监管得住一个基金经理的人心的。我和基金经理的利益取向不可能一模一样。他赚佣金，我赚回报。当然我的女友依旧不信，她说那些基金经理也是有投资自己的基金的，你少用中国那些乱七八糟的例子做比对。我没有什么证据反驳她，只是隐隐约约地觉得不信。

我开账号的时候，因为是在四月十五日报税之前，所以可以用前一年和当年的额度。我买了两年的满额，一共 4000 美元。虽然我当时知道股票泡沫严重，经济危机随时会来临。但是我女友说，他们这些都是职业基金经理，他们会处理好这些事情的，知道如何处理风险的。我刚想反驳，她接着说，你懂的股票知识，比起他们差远了，你才来美国几天，人家都是久经沙场了，百年老店，啥样的经济危机没见过。我觉得她说的有道理，毕竟别人是专业干这个的。而且门口那么多美国人都来买这个基金，难道还会有错？他们是常年生长在这个国家的，知根知底的。我们是刚到美国几年的乡巴佬，跟着他们选择应该不会有什么错。

当然我那 4000 美元的投资结果，大家可想而知。互联网公司泡沫崩溃的时候，每个月寄给我的账单里都显示我的资产逐月缩水。虽然我的钱在缩水，可是他们每个月的管理费照收不误。我想他们都把我投资弄赔了，我没找他们要补偿就不错了，他们还好意思扣管理费。怎么想都不是一个很地道的事情。可是这道理没有地方说去。我看到我的钱越来越少，越来越少。最后跌至 1000 美元都不到的时候，我就忍不住进去看了一下基金持有的股票到底是什么？然后发现他们持有的都是那些连我都知道会破产的网络公司。如果考虑风险调整后回报(risk adjusted return) 的话，这些基金经理从来没有打败过市场(beat the market)。股票泡沫即将来临的时候，他们也不会把钱转成现金来避险，因为跌了算你的，赢了算他的。他们对于股票公司的判断，并不比我们普通人高明到哪里去。

他们这些基金中表现最好的也就是一个被动投资人（passive investor），跟着大盘跑。大部分连指数都跑不过。他们主动选择的那几个股票，按照有些书上说的甚至不比一个猴子更高明。所有的基金都会告诉你，需要长期持有，即使下跌，以后还会再涨回来。他们说的是有道理的。不过并不妨碍他们用各种合法的手段包装自己基金的历史回报。

我的这笔投资就是持有时间最长的。因为总额不多，我就好奇最终回报是怎样的，到底他们可以玩什么样的猫腻。我坚持持有了将近 20 年，没有做任何调整。我发现他们基金的名字老在变。他们会把回报表现(Performance)不好的基金关闭掉，开始一个新的基金。这样这个新的基金，看起来每年的回报(return)就会更好一些。所以你可以在市场上看到大量的股票基金宣扬他们过去 10 年的平均回报(average return)都是 10%以上。但是等你真的买了，你就会发现根本不是那么回事儿。他们的各种费用也总是模模糊糊搞不清。按照他们的基金招募书(Prospectus)上写的历史回报，我怎么也算不出我现在应有的资产。

我的这 4000 美元的投入，在我持有 10 多年之后才基本打平。又过了将近 10 年，才变成 6000 元。冒了这么大的风险，20 年成长了 50%，远远低于大盘指数。这样的投资回报是令我不满意的。但是这些基金就是利用了人的一些惰性，大部分人都是懒得做出改变，所以我每年都在给他们交管理费。直到 2016 年我痛下决心。把基金的钱转出来自己管理。三年之后，我通过自己的投资安排，让这笔钱成长为 5 万美元。

这笔投资我最深刻的体会就是再一次印证了我一直的观点：没有人比你更在意你的钱，也没有人可能比你更上心地管好你的钱。

09 选工作

2000 年买完 Roth IRA 之后，我口袋里只有一万多美元，没有敢再去买投资基金和股票。一方面我需要这笔钱应付不时之需。因为我马上要毕业找工作。另外一方面，我有过氯碱化工的教训，知道买股票不是一件轻松简单的事情。美国貌似比中国的系统更复杂，水更深，不敢贸然投资。

对于高涨的股票市场，最好的应对办法是借这个机会，找一份高收入稳定的工作。所以我开始大量的投递简历。也拜托我认识的每位教授，帮我介绍工作。很快，我就拿到了三个工作录用函(job offers)。这三个 offer 性质基本相似,都是工程类我自己的专业方向里偏研究型的工作。一个工作在丹佛，一个工作在亚特兰大，一个工作在旧金山湾区。我应该选择哪份工作呢？我知道这次的选择很重要，因为我已经快 30 岁了。这次选择的城市应该是我停止漂泊，安定下来生活相当长一段时间的城市。一不当心，就会有天上地下的区别。相比于中国的毕业分配，此刻命运至少是在自己手上的。但是此刻我应该选择谁呢？

10,000 到 100,000 美元

一个人的收入再高，如果不懂得如何存钱，那么他就像一条湍急大河里的游泳者，无论怎样奋力划臂，一切都不属于你。存钱就像修筑水坝一样，你的收入再低，山间的溪流再小，最终你也能拥有一潭属于自己的清泉。

第四章 从1到10万美元

01 大城市？小城市？

大部分毕业生离开大学，选择工作的时候，都和我都有一样的困惑，主要就是未来在怎样一个城市生活？大体上大家都面临三种选择：

第一种是在纽约、旧金山、洛杉矶、波士顿这样的一线城市。在中国就是在北上广这样的城市。这些城市工作机会比较多，信息发达，产业集中，未来自己的职场成长空间比较大。但是缺点就是生活成本比较高，挣同样多的钱，扣除生活费用，所剩无几，所以生活品质比较差。生活费用比较高的突出表现就是住房成本比较高。其他像税收，食品，水电费价格都会稍高一些，但不是主要原因。

第二种选择是在小城市。在美国就是离核心城市群比较远的地方。也就是我们中国经常说的三线、四线城市，比如美国的很多大学城。这些地方土地辽阔，住房成本低。同样的收入，扣除住房和生活成本以后，每个月可以存下来的钱更多。

第三种选择是，就是介于两者之间。美国可以选择二线的城市群生活，比如说亚特兰大、迈阿密、丹佛、奥斯汀这样的地方。或者是曾经的兴旺发达的一线城市群，但是现在渐渐走向衰败的地方，比如底特律，芝加哥、圣路易斯。这些地方，产业也相对集中，就业机会比较多，但生活成本又不像纽约那么高昂。

应该说我的分类没有什么依据。完全是根据自己的印象写的。如果把读者您家的城市群划错了类别，请不要生气和较真。我举例说明只是为了方便我的表达需要。

大部分人的选择，并不是从经济角度来考虑。大家选择的原因往往是他们在哪里有亲戚朋友，哪里有社会关系，自己的男女朋友在哪里。有句话叫作，哪里有爱，哪里就有家。或者有人是选择哪里的风景更好，哪里有更多的室外活动的地方。还有一部分人或者就是单纯的比较自己offer工资收入的高低，工资高的地方就去，工资低的地方就不去。毕竟很多时候，能找到一份工作就不错了。

我当时的工作机会，也基本上就是在三个选择中挑一个。工作内容和公司的前途，其实差别都不是特别大。在亚特兰大是一个财富 500 强公司的研究机构。在旧金山湾区拿到的工作，也是一个研究机构的工作。如果在丹佛工作，那里集中了很多加州外迁出来的产业。也有大量我喜欢的滑雪场。

我像很多人一样，去周围的老师和同学那里征求他们的意见。大家都会首先恭喜你，然后说出一些自己的评论。我听见各种五花八门的意见，不过几乎很少有人说应该去旧金山湾区。大家普遍意见是，那里生活压力比较大，太艰苦。即使偶尔有人公司上市了，突然中了头彩一样发了财，也只限于高科技领域的公司。像我这样做传统工程领域研究的，没有这样的好命。

我那个时候的女友，更倾向于去亚特兰大，因为她在南方生活过，挺喜欢南方的。她觉得那里物价便宜，房子也便宜，生活质量会比较高。当然很多人会说，丹佛也很不错。在丹佛工作就可以享受到高科技产业的繁荣，又可以避免北加州那些高额的房价和拥挤的交通。

我比较尊重我自己导师的意见。不过就像很多美国人一样，他们只会说一些模棱两可的话。她没有告诉我她的倾向性意见，只是把各种利弊都帮我分析了一圈。如果她直接告诉我答案，责任就在于她身上了。没有哪个人愿意承担这样的责任，关于你未来好坏的责任。

不过，以前我去过一次斯坦福大学。我自己倾向的想法是去北加州。人是受周围环境影响的。到了一定阶段，大家聪明才智程度都差不多。很多聪明人一生未能做出什么成就，只是他没有在一个激发他潜能的环境里。举个例子就是，当年我们这代大学生里面，中国科技大学的学生出国比例最高。并不是因为他们英语格外好，而是当我们还懵懵懂懂的时候，中国科技大学的同学们，已经开始整班整班的准备 GRE 和托福考试。在那个氛围里顺其自然，大部分科大同学是被动地被带着出国的。

我那次去斯坦福，就观察到一个现象。我的同学周围，几乎所有的人都在讨论创业的事情。好像没有身兼数个的创业公司的CEO，都不好意思和其他人交流一样。而同样聪明的其他美国大学的中国同学们，他们关心的往往是只是吃喝玩乐，以及如何平稳毕业找工作的事情。我们每个人每天都受到环境的影响。所以我们年轻的时候，应该选择一个对自己有更多正面影响的环境。这也是那么多中国人拼命把孩子送到名校的一个原因。

我自己在新加坡的时候就是的。因为当时人人都想去美国留学，所以我自然被带着申请去了美国。如果在我之前国内那个大学的环境里，我可能从来不会想着去美国留学这件事，只是老老实实在一个公司里头认真工作而已。

我选择北加州的另外一个原因是因为那里比较贵。是的，也许这和很多人的直觉想法有些相反。他们会选择生活成本比较低的地方去生活。但是一个地方贵，说明那里经济越发达。在中国，上海、深圳、北京显然比很多二线三线城市要贵。可是一线城市是我们那个时候年轻人削尖脑袋要留下来的地方。后来的事实也证明，我们那代人留在一线城市的绝大多数人比一毕业就回老家的，在生活和事业上普遍要更好一些。

美国也是一样，有生活梦想和野心的年轻人，很多人会聚集在纽约。而贪图安逸生活的人会选择在二线三线城市生活。我到美国可不是贪图安逸生活的。要是图安逸生活，我连上海都不用去，在中国二线城市，娶妻生子，过过小日子就可以了。

在做出决定之前，我还去旧金山湾区看了一圈。因为聘用我的单位希望我过去一下，确保我的确喜欢那里的生活环境。在那里我碰到了我在新加坡的一个同班同学。他在北加州生活了一年，正在打包准备搬往芝加哥。

他说你不要来湾区，湾区可不是什么好地方。你看我待了一年，最后还是决定去芝加哥。我问为什么？他的解释是，湾区的房价太贵，到处堵车。他还跟我算了一笔账，就是他用不到 1/3 的钱就可以在芝加哥买到同样大小的房子。这样他每个月可以有很多结余，生活压力不会那么大。

我觉得他的选择可能适合他，但是不适合我。我可能比他更有奋斗精神。房子总是给人住的。你沿着公路开车，两边一眼望不到头的都是房子。这么多房子，为什么就不能有一个属于我。我四肢健康，精力饱满，人不比其他人笨。当这些房子属于我之后，房价高对于我来说就是一件好事。

再说房子和生活成本只是生命中的一件小事。一个人活在世上总是要有所作为的。既然想有所作为，那就应该到机会最多的地方去，到年轻人集中的地方去。聚集在一线城市的年轻人，今天是北京的北漂，解放前是上海的左翼青年。无论是丁玲还是鲁迅，如果待在他们老家里，过过小日子，估计他们什么也做不了。

当然人各有志，当着朋友的面不能这么说。每个人都有权力选择自己的命运。我没有权力在别人面前说三道四的，把自己的价值观强加到别人身上。再说未来有很多不确定性，谁的选择更好还很难说呢。

02 网络泡沫崩溃

我几乎是在网络泡沫经济危机来临的六个月之前，终于把自己的工作确定了下来。虽然我还没有拿到正式的毕业证书，但是我已经开始上班了。经济危机来临之前其实大多数人都可以感觉到。报纸更是铺天盖地的各种宣传。虽然股票价格还没有暴跌，但是影响价格的主要因素已经不再是公司盈利的好坏和经济基本面，而是政府政策。我当时就开玩笑，说美国的股市和中国的股市没有什么区别，已经变成了一个政策市。

当时一个突出的例子就是联储局下调利率，股票价格立刻反弹。因为银行的基准利率下降，让股票的估值会变高。广播里的新闻报道就是利率下调，引发股票上涨。但是第二天市场似乎才明白过味道来，发现联储局下调利率预备着经济危机的来临，所以股票价格又下跌。连广播员都在开玩笑说，股市到底是希望联储局降息呢，还是不降息？

市场完全变成了一个跟着政府政策和领导人讲话随波而动的政策市，每天的价格起伏波动都很大。个别通讯类的公司股票一口气下跌了 80%，然后又涨回到了原来的历史最高点，然后又崩盘下跌到零。我看着价格，想象着价格背后炒股人的喜怒哀乐。你可以愚弄我一次，但你不能愚弄我两次，但是这样反复愚弄股民的事情的确反复出现。

我还有印象的是一个评论人说的话。他的建议是抛空所有的股票。他的原话是这样："也许未来一片灿烂，也许未来是万丈深渊。但是我这一艘小小的船，承载了我所有的身家性命，我还是老老实实的进避风港，等风浪平息了之后我再出来"。

今天回想，他当时的评论是对的。虽然我不买股票，但我从来都是通过股票价格的涨跌来判断未来经济的前景。当时在湾区，很多聪明的人都意识到一定要找一份稳定的工作，而不是高工资的工作。我去拜访我的另外一个同学，正逢他进行电话面试。他说这两天 Startup 公司全疯了，给的工资一个比一个高，有的是 8 万，有的是 9 万，有的是 10 万。但是这些公司听上去一个比一个烂，他一个也不敢去。因为对于我们外国人而言，丢了工作也就丢了合法身份。这在经济危机就要来临的时候，谁也不敢冒这个险。

2001 年初在消费市场上，当时并没有办法感觉到经济危机的来临。我个人的体会是经济萧条的时候，消费市场是最滞后的一个指数。年初我在南湾的同学请我去吃饭，商场里人山人海，根本找不到停车位。像吃饭这样的事情，人们是不会根据经济危机的预测来决定今天的消费的。一般都是失业了之后，才会节约开支，不再在外面吃饭。举一个现实的例子，我就有一个湾区的朋友 2002 年失业之后，为了压缩开支，在 Burger King 吃了一个月的饭。

预测经济的最好晴雨表其实是富人在做一些大宗投资的时候，他们在怎么想。他们对未来的预测可以反映未来经济的走向。大部分老百姓或者不想那么多，或者是缺乏应有的自律，都是今朝有酒今朝醉。

我的行业是传统行业，所以没有太多这方面的顾虑。但我也会想，如果公司的资金有短缺的话，会怎样应对？一个大的公司首先砍掉的是和直接销售无关的研发和市场部门。因为这些并不涉及公司最基本的生命线。反而都是烧钱的部门。所以我想来想去也不知道自己的工作靠谱不靠谱。查查过去的历史，每次危机的时候，大体还靠谱。

当时我把女友也接到了湾区。她也开始找她的工作。当时我们犯的一个错误就是，我们彼此都想求一份稳定的工作，所以避开了所有的初创新公司，而是找一些老牌的比较传统稳定的公司。

她当时拿到的一个 job offer 是 Elon Musk 创办的一个公司。当时这个公司正在剧烈的扩张中，面试的时候公司只有 30 个人。公司当时还给新进来的员工发股票。这个 job offer 最终被我和女友果断拒绝。现在这个公司的市值已经是上千亿美元。这是我们一生中错过的最大的一次发财的好机会。

不过当时市场的前景其实是混乱的，人们根本无法判断哪一个小的初创公司会成功，哪一个会失败？当我们两个都拿到稳定的长期 Job offer 之后，算是都长长地出了一口气。后面不用吊着嗓子眼看股市的起起落落。再发生什么样的经济危机，都和我们没有关系了。

03 自住房

对于每个搬到了湾区工作和生活的人，就像每个去纽约、北京这样的城市的人一样，住房成为首要难题。首先给我下马威的，倒不是房价很贵，而是租房子都很困难。在我之前读书的那个小城市里，租房子是买家市场，所以我可以挑挑拣拣的。到旧金山湾区开始租房子的时候，房东都是一副不可一世的样子。那个时候正是网络经济泡沫的最高峰,每天都有无数多的年轻人涌向湾区。

房东的开放参观日(Open house),经常只在周末的一个小时之间，其他时间据不受理。早一点晚一点都不行，过期不候。通常需要申请者带足了材料，现场填表。我这样还没有工资条和工资收入银行流水的人，需要一次性就交纳三个月的押金。

房租价格也比我之前城市的房租，整整涨了一倍。我和我的女友一起合租了一个非常小的公寓，不在湾区的核心地段。离我上班，有 40 分钟的距离。租金是一个月 1500 美元。就这样的公寓几乎是我从很多竞争者手中抢着租下来的。我并不想花太多的钱在租房上，因为我想把钱省下来，尽快买我自住房。

如果你打开网络，租房还是买房哪个更合算是个永恒的讨论话题。洋洋洒洒数不清的理财顾问在这方面发表过意见。那些参与讨论的人，会一笔一笔的跟你算账，然后把房屋的折旧、房租收入、房地产税、维修费各种一项项列出来，帮你精确算一算租房还是买房哪个更好。

其实你根本不用算，因为算了也是白算。对于纽约、旧金山、洛杉矶这些常年持续房价上涨的地方，租房子永远是一个亏本买卖。因为你付出的所有租金，通通打了水漂。买房子，看上去好像每个月的支出更高一些。但是你付出的每一笔钱，都在帮你逐渐获得这个房子。只要房价三十年能涨一倍，那么你付出的所有的钱就全部能赚回来了。

而事实上，每隔三十年这些大城市房价不是涨一倍，而是涨了 5 到 10 倍，所以你根本不要做那些复杂的算术。那些复杂算术里的各种假设，都没有精准考虑到未来房价的变化。

此类的算术，我又在 2005 年前后在中国看到。当时上海北京的房价已经开始飞涨。中国的年轻人也同样在计算，到底是买房子好还是租房子好。他们那些计算多半都是用静态的计算方法，就是假设房租不涨，房价不涨。只有用静态的计算方法的时候，才可能存在到底租房好还是买房好这样的问题。只要是你用动态计算的，都是毋庸置疑买房更好，因为房租和房价都会上涨。

从投资上来看，买房子的好处是毋庸置疑的。或者更夸张地说，自住房是政府送给你的福利。买自住房总共有四个最主要的好处：

第一是获得了政府的大量的补贴。你的房地产税和支付的利息可以用来抵税。而你租房子，或者是其他任何投资行为，都不可能有这样税收上的好处。

第二，你做其他任何投资行为，都不可能获得这么大额、低息、长期的贷款。股票也可以进行杠杆交易。但是为了股票杠杆你支付的利息，远远要比房贷利息高多了。

第三，政府总的来说会让自己的货币一点一点地贬值，而不动产是抵御通货膨胀最好的办法。在一线城市土地紧张，不可能有那么多的新房子盖出来。总量一定，又是刚需的资产，都是抵御通货膨胀的好渠道。

第四，买房子是政府送给你钱。你拿到的是利息 5%三十年期的贷款。随着通货膨胀，这贷款就跟白送给你一样。你只要看看 30 年前大家平均收入是多少，就很容易算清楚这笔账。所以你贷款额越高，就意味着政府送给你的钱越多。房子本身其实也是白送给你。因为你只要拿三十年的数据算一下，用 30 年后房子的增值部分减去 30 年里你付出的房贷。你会发现，这个差值远远大于 0。这相当于 30 年的实际居住成本是个远远小于 0 的负数。你并没有为自己的住房花一分钱。

可以说没有任何投资，比得过自住房。除非你有股票的内线交易的信息，不过那是违法的。长期来看，购买自住房，毋庸置疑是最好的投资。你随便拿出任何一组 30 年的数据来计算，就会发现购买自住房收益要远远超过股票、黄金，和任何你能想到的投资方法。

我的这些想法不是凭空而来的。当时我收集了旧金山湾区过去 30 年的房价和收入的信息，把它拿出来做了一个详尽的计算。美国是个稳健发展的社会，没有任何理由会认为，未来三十年和前面三十年有什么大的不同。当然，在加州还有另外一个，越早买自住房越好的原因，就是 13 号提案（Proposition 13）。这是加州自己的一项奇怪的法律。加州的房地产税，并不是根据房价每年的实际增长而调整。根据 Proposition 13，房地产税的基数固化在每年最多上涨 1%。

这样一来，同样一个社区里同样的房子，不同人支付的房产税会有十倍差异之巨。有的房地产税很低，是因为他们在几十年前就买了房子，所以比今天新买的人付出的房地产税要低 80-90%。我当年也是偶尔发现大家付的房地产是有这样巨大的差异，才意识到 30 年前原来湾区的房子曾经是那么便宜。

我 2006 年开始在文学城撰写博客的时候。把这些数据贴到了我的博客网站上，用来说明我的观点。长期投资而言，没有什么投资能够胜过自住房。一个简单的数字就可以说明这点，1982 年的时候，南湾的中位房价是 12.8 万美元,平均工资收入是 2 万美元；2005 年的时候是 72.6 万美元，平均工资收入是 5.8 万美元；今天差不多中位房价是 120 万美元，平均工资收入是 20 万美元。

虽然每个人都知道买自住房的重要性，可是很多人往往做不到这一点，尤其是在高房价的城市。这主要有三个原因：

第一个是自己消费管理自律性不够，每个月都是吃光用尽，没有办法积攒出首付的钱。有人期待天上掉馅儿饼，自己突然发一笔财，然后获得房屋的首付。在中国更是和啃老有关。女方期待男方出钱，男方期待爹妈出钱。不寄希望于自己的自力更生。在湾区的很多人寄希望公司的 IPO 获得首付。公司的 IPO 有很多不确定性。2001 年股灾的时候就是一个反面例子，当时有些中国人 IPO 没有卖出，可是税却是要每年按照既得价值(Vested value)去交。如果股票暴跌，你非但没挣到钱，反而欠了一屁股税。

第二个原因就是总是期待自己能够找到更低的价格。一厢情愿的认为房价不合理，房价应该下跌，希望自己在下跌的时候再买进。台湾和香港在经济高速发展的时候，都发生过年轻人示威游行要求平抑房价的历史。深圳有名的评论人"牛刀"，上海的"谢 X 忠"也是靠年轻人宣泄房价高涨而走红。媒体是非常危险的东西，它的第一诉求是点击量。所以总体上媒体是捡读者喜欢听喜欢看的观点发表文章。这些媒体和网络红人最终害了很多人。中国就有"信志强住楼房，信牛刀住牛棚"的网络用语。任志强的话很难听，可是说的都是实情。我这方面的切身体会将在第十三章接着讲。

第三个原因是有些年轻人眼高手低。有些人总觉得自己生来就应该拥有世界上的一切好东西，且并不需要自己付出额外的努力。比如有的人觉得自己聪明绝顶，名校毕业，到湾区来工作，就是应该拥有这里最好的房子，最高的收入，最优秀的伴侣，最好的家庭。在购买房子这件事情上，他们也会期待自己一步到位。要在最好的学区有一个有大院子的房子，至少是 2000 尺，年代还不能过于久远。在选择房子上也是，房子不能有一丝一毫缺点。

这样不切实际的幻想，天之骄子的心态，会让他们的购房计划一拖再拖。再配上第二个原因，让一些人错过了机会很多年。

香港人总结了买房的过程。他们提出的一个重要概念叫作"上车"。买什么样的房子不重要，买哪个小区的房子也不重要。关键是买和不买。买了，你就上车了。上车你就有机会调整到自己更满意的房子。如果你没有上车，那么就可能永远被列车抛下了。

天下没有十全十美的房子。要么是院子太小？要么是房子太旧？要么是临街太吵？等到真的碰见了一个十全十美的房子，你喜欢的，别人也会喜欢，价格又变得太贵了。当人们不想做一件事情的时候，就会找理由和借口。各种挑剔都会成为你的理由，让你一而再再而三地错过机会。

有时你会惊叹一个人不想做一件事情的时候扭曲现实的能力。和我同时来到湾区的一个朋友就是这样。他后来搬到得克萨斯州去了。他给出不买房的理由就是自住房不是投资。因为他说自住房里面的钱永远都是看得见摸不着，你永远享受不到自住房里面的钱，因为你一直需要一个地方住。所以你自住房的钱永远不是你自己的钱，因此你没有必要买贵的自住房。你需要去便宜的地方买个便宜的自住房。为此他充满自豪地和我讲了一圈道理之后，等待我夸赞他的奇思妙想。

按照他这个道理，大家没有必要生活在房价高的地方，所以应该赶紧逃离湾区。我当时反驳说房子的钱是可以抵押再贷款(refinance) 出来，你可以用这些钱去投资。另外你也不会永远住在一个房子里，或者永远生活在一个地方。我们年轻的时候也许在这里生活，老了天知道我们去哪里生活。他说你在一个地方住久了，老了就不会搬走了。他说的当然有一定的道理。的确大部分人老了一直生活在他们年轻时候待的地方。但是你老了，可以缩减住宅(downsize),有很多老人退休后从比较昂贵的好学区，搬到相对便宜的社区。无论如何，说自住房不是真正属于自己的财产的确是比较奇葩的理论。也可能是因为他当时就觉得自己已经很老了，反正他很快就搬走了，没有留下来。

我在中美两国一线城市的年轻人身上都看到类似的心态问题。包括今天新来到湾区的人，以及今天新从中国内地城市到上海和北京的年轻人。这些不良的心态我会在第十四章进一步说明。我没有这些毛病，我自己的心态也很好，决定要买自己的房子，那就说干就干。不靠天，不靠地，不靠爹妈，只靠自己。买房子，首先要攒首付。

攒钱这件事情，如果是一个人，那很简单，只要自律就好了。我已经一而再再而三地证明自己能够省下 30%的钱，无论自己收入有多么低，都没有任何问题。但那个时候我有一个长期稳定的女友，一个很快将成为我太太的人。我需要说服她和我一起来攒钱。

我太太和我家庭出身不太一样。我小的时候家境不错，少年的时候失去父亲，经济变得非常窘迫，属于是吃过苦的人。我太太是一向家庭优越的人。在她过去的生活经历里，从来没有存钱的概念。每个月都是吃光用尽，偶尔还欠一点信用卡债务。

不是每个人天生就会理财，前面我说了，大部分人的理财能力往往和他们青少年的生活经历有关。太太在我眼里，是一个花钱散漫的人。她去超市买东西从来不看价钱。花钱既不记心账也不记笔账。当然我在她眼里是一个对自己过于严格和节俭的人。

你瞧，在花钱这个光谱上，我可以看到，从最宽松到最节制的变化。我奶奶就是花钱最节俭的一端，我的太太是光谱的另外一端。在这个光谱上，从最节俭到最宽松，依次顺序是我奶奶、我父亲、我母亲、我、我太太。每个人都嘲笑他们的左右两端，或过于大手大脚，或过于太节俭，而唯有自己正正好好。最后似乎大家一辈子也都过来了。谁也没饿死，谁也没撑死。人活一世，可能怎样都行，选择自己快乐的方式就好。

我想说花钱这件事情上其实没有谁是谁非。每个人按照自己喜欢和舒适的方式，决定自己的生活。而这些生活方式，都和他们的人生经历和生活环境，以及周围人的影响有关。我们每个人其实不必计较别人怎么看你。因为你不可能让每个人都认同你的价值观。就像我无法让我母亲和我太太都对我的花钱行为满意一样。我只能让自己满意。这个满意其实是跟随自己的目标而定的。如果你为实现一个目标而做出消费方式的选择，无论是选择储蓄还是选择今朝有酒今朝醉，可能都是合理的。

大户人家往往都有一些家训一样的名言祖祖代代传递下来。我太太家新中国成立前是大户人家。家训叫作"凡事量入为出"。这句话听上去没有什么毛病，就是根据自己挣多少钱，指导自己花多少钱，不要超前消费。但在我看来，量入为出，等同于吃光用尽。如果按照量入为出的方法来生活，那基本上最后就是两手空空。

我自己觉得，一个家庭最好的花钱方式，应该是量出为出。就是你只花你真实需要的东西。我总体的感觉是现代社会人们拥有的物质太多了。很多你购买的东西，在并没有被充分利用之前，就被送进了垃圾桶。

为了买房子，我对我太太建议说把我们两个人一半的收入省下来。当时我的年薪是 7 万美元。我太太的工资和我差不多，我们一年合起来的税前收入是 14 万美元。我的计划是，我们只用一个人的收入，而把另外一个人的工资全部存起来。这样可以尽快攒够我们的首付。手上有钱才有可能去寻找一个合适的时机买入房子。手上没有钱，却说时机不对就永远是一句空话。轻言市场时机不对、房子不合适的话往往都是不去努力的借口。

总体而言，女性比男性对购买住房有着更多本能和天然的支持。我后来在文学城上看到大量的小地主都是女性。男性更擅长一些动手的事情，能够更好地打理房子。房屋投资带来的安全感可能更加容易让女性接受，而男性似乎更喜欢炒股，获得赌博一样快进快出的刺激感。如果我当时说存钱的目的是投资股票，估计我很难说服她。出于天然的母性，女性喜欢一个稳定的生活环境和物质保障。攒钱买房子再艰苦，却是一件两个人都一拍即合的事情。

04 买多少 401K？

我们把一个人的工资都省下来，但并不意味着我们一年可以省 7 万美元，因为还要交税。税是不能逃的。工薪阶级的税，其实没有什么好的避税的方法。扣掉税每年能存下来的钱也就是 5 万多美元。如果自己有 Small business 的收入，可以用各种方式，合理合法地避税。

税法是每个美国人的必修课。我这么多年，从一开始两页纸的税表到现在将近六十页的税表，我始终坚持自己亲力亲为报税。报税其实是一个很好的锻炼，它可以帮你总结一年的财务状况，也可以帮你规划下一个年度财务计划。最近十年我的税表变得越来越复杂，我不得不请会计师帮我报税。但是即使是这样，我通常也会先自己填写一下，然后交给会计师。最后我再对比一下两个人的报税结果。会计师的水平总体比我高，可还是会有值得进一步优化的地方。往往比较之后，我还能找出几个会计师的漏洞。因为会计师的首要目的是不出错，不被税务局审计，并不是你的税务最小化。还是那句老话，没人比你更加在意你的钱。你不在意，没人会在意。

2001 年我刚工作的时候，正赶上小布什当选。他推出一揽子的减税计划。我兴奋地把他的计划拿来，噼噼啪啪算了一圈。最后发现政客们喊了一圈口号，我一年的税务差距，不过一两千美元。才知道这些减税，不过是糊弄人的把戏，无法从根本上解决问题。每个政客天天喊减税，但是我们的税赋总是越来越重，那是因为随着通货膨胀和收入的增加，大家名义上挣的钱越来越多。

美国号称万税之国。你的年薪工资听上去挺高的，但是要扣联邦税、社会保险税、Medicare、401K。除了联邦税还有州税和州失业保险税。政客们喊喊口号，上嘴皮碰下嘴皮，可以完全不心疼这些税费。老百姓却是一分钱一分钱地过日子。看着自己的税前收入不少，但是七扣八扣之后，所剩无几。当然政客们会说，这些税都是取之于民，用之于民。都是你老了和弱了的时候国家再来照顾你。

可是拜托，我现在不交税，将来我老了，弱了，病了，也不需要你来照顾我行不行？我可否有这样的选择自由？其实每个个体比政府应该更知道如何规划和管理好自己的人生。不需要政府指手画脚告诉我今天该怎样，明天该怎样。我当时愤愤地想：我现在连自己住的房子都没有解决，难道应该优先交税给政府的福利计划，让我老了有养老院住么？个人自由本是美国的立国根本，一定要从生老病死都绑在一起吃大锅饭才好么？

发牢骚没有用，该交的税还是得老老实实交。除了税以外，购买养老金也是收入中扣除的大项。如果 401K 按照全额购买，那么税前工资的一半儿就没有了。

我把 401K 过去的历史回报记录拿来计算了一下。我有充分的理由说服自己现在全额购买 401K 是不合算的。当然美国的股票长期是在增长，每年的回报率，有 8-12%之间。可是同样的钱，如果放在自住房里，按照过去 30 年的历史，回报率要远远比这个高。

如果你不擅长数学计算的话，说一些简单的道理你就会明白为什么 401K 不如自住房投资。401K 有税收上的好处，就是无论你投入的钱和增长的钱都是延税的，只是你最后退休提出的时候需要补税。不过显然 401K 在税收上的好处，不如 Roth IRA。这在投资领域是大家早已达成的共识。也就是你退休前，应该先买足 Roth IRA，再去买 401K。

从税收上来看，自住房和 Roth IRA 没有什么区别。因为自住房投入的部分是税后的钱，但是增值的部分都是免税的。夫妻两人只要在自住房里，居住满两年，那房屋的增值部分都是免税上限的 50 万。而且每隔两年就有一个新的 50 万美元免税额。

从这个意义上来说，自住房就相当于一个大额的 Roth IRA，还不受每年额度的限制，还能有低息贷款。当然从来没有人这样解释给大众听。所有的报纸杂志，鼓吹的都是各种各样的理财基金和股票投资计划。因为那些理财投资计划，都有华尔街作为受益者。因为是受益者所以使劲宣传。信息不会无缘无故地自动到你耳边。就像世界上有那么多品牌的马桶纸，你家用的那个品牌也不会无缘无故地到你家里一样。背后有无数的人进行了精心的策划和推动。购买自住房最大的受益者除了你没有其他人，所以自然没有那么多的鼓动宣传让你先买自住房，再去购买 401K。

即使撇开生活质量、投资杠杆、低息贷款这些种种好处，总体而言，这三个投资的优先顺序应该是自住房、Roth IRA、401K。不过有些人不是完全明白，也没有做到按照这个优先级去投资。

当然如果你了解各种复杂的退休计划之后，你可能就会对美国政府的整个退休金体系感到绝望和莫名其妙。首先是品种繁多，有 401K、IRA。IRA 除了刚才说的 Roth IRA，还有 传统个人退休金(Traditional IRA)，还有转移个人退休金(Roll over IRA)。除了 401K 之外，还有 403B、457A，甚至还有 Roth 401K。你凭直觉就会问，怎么搞出这么多名堂？

这些名堂除了增加了税收上的麻烦、报税的复杂和政府的管理成本，我实在看不出任何的好处。为什么不能把退休养老这件事情，很自然地回归给民众自己来控制呢？我们千百万年来，不都是自己管好自己养老的事情嘛。有人以田产来养老，有人生养更多的子女而养老，有人积攒黄金、存金银首饰珠宝来养老。有社保就能够保障最底层民众的基本生活，为什么还要搞出这么多养老的条目？直接把中产阶级的税降下来，让他们自己管好自己的养老，不是更有效率吗？

在我看来，这是华尔街游说政府的结果。因为这些养老方案最终的钱都去了华尔街，每年交的管理费肥了华尔街的资产管理人。当时我还不明白，那些基金里有那么多黑幕。直到一些年后我在投资银行里工作了一段时间，才明白为什么政府会搞出这么多条目复杂的养老金。本质原因是美国是个利益群体推动政府政策的宪政体制。有利益群体，就会有游说机构，就会推动国会制定法律条文为他们服务。这些法律条文是漫长年代慢慢演化过来的,往往积重难返。

我们是过平平常常日子的小人物。小人物看到社会不好的现象的时候，只能抱怨几声，写写文章。但不能指望这个社会立刻就会按照你的意愿而改变。在投资理财这件事情上，最好的办法就是利用现有的规则，去最大化你的利益，而不是一味地发牢骚。

我当时的办法就是401K只买到公司的match上限。因为公司有 1:1 的配套,这些钱如果不好好地利用，非常可惜。配套以上的部分，我都坚决不购买。我需要用最快的速度积攒我的自住房首付款。

05 如何存钱？

我太太很快被我存首付款的家庭经济政策折磨得苦不堪言。她跟我抱怨说，太难过了，每分钱都要精打细算。在此之前，她是个有多少花多少的人，自从有了预算管理，每花一分钱都要记账，这让她很不适应。

我只能不断地给她去画饼充饥。告诉她，有了房子的首付就可以有自己的房子，自己的院子。再说我们很快就会有自己的孩子，孩子就可以在自己的院子里戏耍。我会在后院搭一个小孩的游乐场，这样你可以架个躺椅，逗孩子玩。夫妻交流大部分时候靠哄。这和公司 CEO 经常给员工绘制完美发展蓝图，动员打气有异曲同工之妙。有了明确的目标，家庭内部才能同心齐力。

压缩开支最好的办法就是记账。记账对人的心理有着一种奇妙的功效。当不需要记账的时候，一笔钱就很容易随意地花出去。当需要记账的时候，你就会反复想一想，这笔钱是否需要花。每个月把账单重新对一下的时候，你就知道自己每个月开支都用在哪里，也知道未来预算控制的方向是什么。

预算控制也是省钱的好办法。预算控制就是给自己定下来一个月开支的总额是多少，每个单项开支是多少？然后按照这个总额去安排自己的生活。如果没有这个预算控制，把挣来的钱先花，花剩多少再存多少，那你就什么钱也存不下来。有预算控制，把自己要存的钱先扣去，就当自己少挣了这些钱，然后按照少挣的钱管理自己的开支，这样你每个月的存钱是可以保证的。

对于大部分家庭而言，首先要节省的是那些反复出现的，每个月或者隔一阵子就有的固定开支。例如电话费、网络费、汽车维修保养费用。这些钱，看上去不大，但是细水长流，因为它们一遍一遍地发生，累积起来数字就会变得很可观。

按照当年机场接我的老宣的理财真经说法，我其次要避免的就是这些人工费用。我们当时还在开着我的那辆 Honda Civic。这辆车质量很好，没有出过什么问题。为了省钱，我把维修保养的事情都接了过来。汽车的刹车片我自己换。四个轮子，定期换位 (Rotate) 一遍。汽车的机油每三个月要换一遍，这事儿如果自己干，大概只需要修车铺的四分之一的价格。

手机我们选择只开通一部，因为家里和办公室都有电话。出门开车的那个人拿着手机就可以了。刚工作的那几年似乎也没有长途出国的旅行计划。只是开车到附近的国家公园去旅行。去国家公园旅馆的费用都省了，因为可以选择露营。当然选择露营也不完全是为了省钱，露营接近大自然的快乐，也是住在旅馆里无法比拟的。

我从来都认为节俭和勤劳是美德。所以不会因为多劳动感到自卑和难过。周末的早上，我一个人在公寓停车库给汽车换刹车片和机油，悠哉游哉地听着音乐，不急不慢地干活。快吃中饭的时候，干完活，满手油腻地回屋吃太太做好的饭。她会赞许一下我修东西的本事。那种幸福的感觉不是钱可以买来的。无论是男性还是女性，没有人喜欢四体不勤的大少爷和大小姐。

冬天里我们依旧去滑雪，自己带着火锅，自己做饭吃的快乐，一点都不比在餐馆少。可能因为那个时候是爱情最甜蜜的时候，两个人只要能腻在一起，做什么都可以。快乐和钱的花费多少，其实关系不是很大。关键是你是不是和你喜欢的人在一起，是不是在做你喜欢做的事情。

她说存十万美元是一个天文数字，是不可能实现的任务。因为她当时从来没有想到自己会有那么多钱。几年前她和我一样也是穷学生。但是我这个穷学生，还能够省出一万美元。她毕业工作了几年却还是吃光用尽。

但是我们真的做到了。存钱计划开始了一年半之后，也就是我工作了一年半之后，我手上有了十万美元。存满十万美元的时候，我们高兴得买了瓶酒，做了几个好菜，在家里庆祝了一番。我们不但有了购房的首付，可以挑选自住房了，而且我们存钱的速度一点也没有降下来。每个月银行里还会多出四五千美元。

生活的甜蜜，往往不在于静态财富的多少，而在于未来是否有希望。人们关注的永远是边际的增量。

然而就在我们信心满满，开始到市场上挑选自住房的时候。灾难就在眼前瞬间爆发了。美国经济一下子进入了冰河纪，911到来了。

100,000-1,000,000 美元

很多人做不到自律地存钱，那是因为他们看不清财富增长的未来。如果你确切知道今天的每一块钱，都可以在 5 年后增长十倍变成 10 块钱。那么你是不舍得花掉今天的这一块钱的。

第五章 从 10 到 100 万美元

01 房市与 911

不止一个人会有这样的经验。那就是当发生一些重大历史事件的时候，每个人都记着那一天，自己当时在做什么。多年以后，在你回首的时候，发生这些重大事件的那一天，当时的一幕幕仿佛都在眼前可以重现。而重大事件以外的日子就像从来不曾有过一样的空白。

911 就是这样的例子。那天和平时的很多个早上一样，我迷迷糊糊地起来刷牙洗脸，做早饭，准备去上班。那个时候，网络还没那么发达，人们还不像今天这样，一睁眼先看手机。我一边做饭，一边打开电视机看新闻。

当大楼倒塌浓烟滚滚的画面呈现在我眼前的时候，我最直接的反应是按错了电视台，选了电影台，不是新闻频道。因为那画面像极了动作大片。我本能地按遥控器换台。此时锅上煮着的粥马上要开锅了，我随便摁了几下就跑开了。等我再回来的时候，我发现无论我选择哪个台都是一样的内容，我才明白这是新闻，不是电影。

我的第一反应是把还在睡觉的女友叫醒，叫她过来一起看。然后立刻给我远在中国的妈妈打电话，告诉她我在美国一切都好，不要担心。深更半夜的电话把她吓了一跳。我是担心她回头看了新闻，会胡思乱想地担心我这个远在美国的儿子，因为她可能不是特别清楚旧金山和纽约的空间距离。

然后我和往常一样地去上班。当我到办公室的时候，每个人都安安静静地坐在自己的位置上工作，没有人提恐怖分子的事情，就像什么事都没发生一样。但是我知道，其实他们每个人都在查看新闻。这和中国的办公室文化很不一样。不久公司人事部门发了一个给所有员工的邮件，说如果你今天感觉不舒服，你可以不用来上班。

下班的时候，当从最初的震撼中苏醒过来，我首先想到的是这事和我有什么关系，我会受到怎样的影响。广播里反复说的是"美国从此将变得不同""America will be different after this"。作为一个外国人，我无法特别深刻地理解这句话。会不会出现排外的民族情绪？会不会限制移民？当时我的绿卡手续还没有开始办理,而我们又在准备买第一套房的节骨眼上，会不会出现严重的经济衰退？好在我现在手上有了 10 万美元了,无论发生什么，都有一定的抗打击能力。

在 911 发生之前，2001 年初联储局就已经开始一轮一轮地降息。虽然降了好几次利息，股票价格还是一跌再跌，像扶不起来的阿斗。911 发生之后，股票交易市场干脆关闭了好几天。当市场重开的那天，联储局也是下了狠手，一下子又把利率下调了0.5 个百分点。股市下跌了近千点之后，才稍稍稳住。不过，即使这样下调，也没有办法挽救股票。几天后股市依旧是一泻千里。每个人都屏住呼吸，捂住自己的钱袋子，不知道未来会发生什么。

此刻，如果你是一个正在寻找工作的人，那就会变得非常的不幸。大部分公司都选择等一阵子再说。连格林斯潘自己都说，不知道飞机安检带来的延误会对经济造成多大的影响。我听到这句话的时候，觉得人们是在一种集体的情绪中失去了理智。因为你只要理性地想一想，飞机安检多了一个小时，能给经济带来多大影响？在我看来，基本上是零。

不过一切都是信心，没有人知道，在恐慌中这次衰退会有多严重，会持续多久。在 911 发生之前，我已经看中了一个住房。我们几乎和卖家已经谈好了，合同就差落笔签字。其实应该说，自从搬到湾区之后，我几乎一直在看房子。只是那个时候我凑够了首付，要真正落实买房的事情了。

911 事件发生之前，我当时的构想里，买房子有三种选择方案：

第一种选择方案是在好学区核心区域，买一个"小黑屋"。"小黑屋"就是地比较大，房子非常破，也小。硅谷早年并不富裕，从 50 年代到 80 年代盖的很多房子比较低矮。因为低矮而且采光不好，所以大家管它们叫小黑屋。小黑屋虽然看起来很黑，可实际上是一个聚宝盆。因为房子本身并不值钱，是那块土地和房屋建造许可值钱。

因为大部分人不喜欢小黑屋，所以小黑屋价格比较低，你的居住成本也比较低。另外一方面，因为总价低，所以地税也会比较低。当你把小黑屋修缮一新之后，就可以坐等土地的升值，并且因为加州的 proposition 13 法案，可以长期享受比较低的地产税。

这样的方案从投资的角度非常好，可是生活品质会受到影响。尤其是对我们这些从外州来的人，看着那些小黑屋，一万个理由不想住在里面。因为在外州我们已经看惯了那些比较高大且新的房子，觉得那些小黑屋实在不值这个钱。一想到自己在那小黑屋里，要生活十几年，就开心不起来。

当然也有朋友劝我们说到湾区来要适应一阵子这里的价格。心理上承受能力适应了，"小黑屋"住习惯了，看习惯了也就好了。实在不行就屋顶上多开几个采光窗。

不过"小黑屋"和我们每个移民怀揣的美国梦理想总是有些格格不入。我还没有来美国之前，就知道有一句话，是一句玩笑话。就是说一个男人这一生，要"住美国房子，开德国车，娶日本老婆，喝法国葡萄酒，泡意大利妞。"

虽然是一句玩笑话，但是美国因为地大物博，人口密度低，所以住房比欧洲和亚洲的条件好太多了。应该说，在我后来的旅行经验里，我的确没有看到世界上还有哪个国家比美国更容易拥有价廉物美的房子。如果享受不到美国的这点好处，我们到美国来又是为什么呢？所以这个方案虽然经济上非常好，但是基本被我否定了。

第二选择方案的经济性会更好一点，是带我看房的一个中介建议的。他说在大城市，想降低自己生活费用最好的办法是买一个双拼(Duplex)。这样可以把房子的一半出租，一半自住。随着租金的上涨，等房租可以基本和房贷打平了，你自己的居住成本就可以下降为零，等于让别人帮你付贷款。

Duplex 有很多种，有的是从中间分开的，两个单元共享一面墙的正儿八经的 Duplex。还有就是在湾区的一些老房子，业主自己改造过的。一层和二层有不同的出入通道，相当于上下两层的 Duplex。Duplex 的好处有两个，一个是有人帮你付贷款，另外一个就是当你搬出去之后，你还可以把自己住的那部分继续出租。多单元住宅(multifamily house),总的来说租金收益要超过独立单元住宅(single family house)，而且你还可以维持比较低的房产税基。

当然在生活上，头十年你需要稍微委屈一下自己。毕竟你的房客就住在你的隔壁，所以没有太多的隐私。另外虽然你是地主，但是却需要三天两头跑到房客家，帮他们修下水道，修马桶，修电线。这会让你心里感觉不好，让你觉得是个长工，全然没有地主的感觉。

这两种方案，我觉得都不是好主意。钱是为人们服务的，而不是倒过来。居住环境是生活品质里很重要的一个因素。你可以不去买那些从来不穿的鞋，不在意开什么品牌的车，但是居住空间却实实在在是每天你幸福感的来源，因为你 70%的时间在自己家里。

那个时期不知道看了多少个房子。每个周末都是房产中介带着我们，在周围的几个社区里到处转。可是看了越多新房子，就越不想住"小黑屋"。新房子宽敞明亮，外面的街道整齐干净。可是新房子往往是离中心比较远的地方，而且学区普遍比较差。中心地带的好学区房虽然也有十年左右比较新的房子，但是价格不是我们承受能力范围内的。

02 小黑屋

中介总是努力劝说我们买小黑屋。中介跟我们说，小黑屋外面的街道虽然没有那么整齐，可是毕竟没有物业管理的费用。一切都是羊毛出在羊身上，你是愿意外面的街道稍微乱一点呢？还是愿意每个月多花几百元买个不属于自己的整齐？

我想来想去，觉得我一定要住在好学区的十年新左右的房子里。于是否定了前面两个方案，给自己制定了第三个方案。

这三种方案其实是我自己总结的。大部分在加州生活的人都建议你买房子要一步到位，因为 proposition13 的原因。如果你在好学区买一个房子，虽然每年价格在上涨，但地税的上涨是有上限的。我不这么看，我认为一步到位的可能性不大。数字在那里硬摆着。我当时面对的选择是这三种房子：

A 好学区的比较新的独立单元式住宅，当时售价是 80-90 万美元左右。

B 好学区的独立单元式"小黑屋"，当时售价是 50-60 万美元左右。

C 偏远一点的一般学区独立单元住宅，当时售价是 40-50 万美元左右。

我当时手上只存有 10 万美元。这是一道很简单的数学题，就是如何用 10 万美元得到 A。为了得到 A，需要 20 万-30 万的首付。因为我想尽快地解决我自己住的问题。我可不想存钱存了五六年之后，再一步到位买自己的住房。那个时候我们还没有孩子，并不需要学区房。

当然这是一方面的考量，另外一方面主要是我比较了湾区的各个不同区的历史价格变化。我发现一个规律：就是无论是好的学区，还是普通的学区，以及糟糕的学区，在历史上他们长期价格的涨幅是一样的。比如 30 年前，当时好学区的房价比普通学区房价贵一倍，那么现在依旧是贵一倍。那么无论是好区、坏区还是中等学区，差不多房价都是上涨了一样的比例。

但是好学区房和坏学区房的区别是：好的学区价格比较平稳，涨的时候和跌的时候，幅度都不是那么大。一般和差学区价格起伏比较大，似乎更容易受到泡沫的影响。我觉得这是一个看得见机会的地方。就是利用价格前后的时间差，从中可以解决学区房的问题。也就是，如果你认为房价的通道是在上升的过程，那应该买相对差一点的学区房。这样，它涨幅比较快，把它卖掉之后转身可以买学区好的房子，因为好区的涨幅还没有那么剧烈。

这是一方面的考量，另外一方面我也的确是囊中羞涩。好不容易省下来的钱，我并不想一股脑全部花完，我还有另外的打算。那就是关于投资中国的考虑。

03 会走路的钱

"投资中国？"可以说我当时不敢和任何人讨论这个荒唐的想法。在当时的 20 世纪 90 年代末，甚至 2000 年初的很多人眼里，离开中国之后，他们觉得中国就是一个永远贫穷的地方。除了接济穷亲戚，在金钱上不想和中国有任何关系。当时我一个连自己的基本住房还没解决的人怎么会想起来投资中国呢？

我一直坚持的一个投资理念就是不要和有钱人去拼体力。你最好和未来的有钱人混在一起，比他们早一步看到他们的需求。我自己也不是特别清楚我的这个投资理念是从何时形成的，但是这个策略是一个行之有效的策略。后面几年里一直指导着我的投资。我把这个概念统称为"会走路的钱"原理。我会在下一章也就是第六章详细阐述。

这个投资理念用在房地产投资上面，就是跟着穷学生走，到屌丝聚集的地方去投资。当时我决定买上海的房子和湾区非核心区的房子都是同样的一个思路。因为我不太相信，从五湖四海来到湾区的年轻人，他们能够一下子买得起核心地带的学区房。但是人总是要找地方住的，所以我觉得偏远一点的普通学区普通住房是这些人的落脚点。

而这些到湾区的年轻人以后都会变成相对有钱的人，因为他们年轻聪明。再过几年，他们在职场上工作获得提升，收入就会增加。源源不断有人进来，房地产价格就会有上涨的希望。

因为考虑要买上海的房子，虽然我当时手上攒了 10 万美元，但是我只打算花 5 万美元，解决我的住房问题。我用 5 万美元付了 10%的首付，购买上面的 C 选项。就是远一点的 45-50 万不到的房子。这个价格可以买到新房子。当然因为我只付了 10%的首付，所以我还需要第二按揭(secondary mortgage) 和额外的按揭保险(mortgage insurance)。我算了一下，这笔开支是非常值得的。

这是一个好的选择，一方面可以解决我不想住小黑屋的问题，另外一方面我认为这个非核心地区的房价上升速度要比学区房会快一些。按照我的预测，过几年后把这个房子卖出，然后用挣的钱做首付去买学区房。

道理和逻辑，虽然通过细心研究房地产的价格规律就可以算得很清楚，我当时有充分的信心觉得我的判断是对的。可是事情的发展，并不是和你想象的一模一样。最大的变化就是911发生了，恐怖分子袭击了纽约。

04 房市恐慌

911发生之后，房地产市场陷入了极度的恐慌，包括我自己。我本来已经看中的一个房子，但是911发生之后的那个周末，我不得不和中介说，我不打算买这个房子了。那个中介带我们看了一个多月的房子，好不容易快要成交了，很不开心。不过他也只能无奈地摇摇头，说表示理解我们。

当时的卖家为了急着出手，把价格一下子又降了3万多美元。但是我依然害怕。根本不敢出手，因为没有人知道，经济未来会变成什么样。每个人都担心，今天上班明天工作是不是就没有了？我不知道最后这个房子花落谁手了，不管怎么说，勇敢买进的人是个精明人。回头想想，当时的担心可能是多余的。当人人恐慌的时候，可能就是买入房子最好的时机。

不过我错过了那个时机。为了证明我自己的选择是正确的，我去另外一个在建楼盘去看房子。这是一个我看过好几次的楼盘，但是因为房型、地点等问题一直没有决定买。之前我每次去销售处，经理的嘴脸都是冷冰冰的，一副爱买不买的样子。但911发生之后，那个销售经理完全变了一个人一样。我去的那天满街插的都是大甩卖的旗子。开发商连房价都不标了。我披头就问，还有房子在卖么？销售经理笑笑说，还有很多房子，这些所有的房子都在卖。之前是卖一批建一批，现在是所有的房子都卖。

"所有的？"我有些吃惊地问。他说是的，开发商想清盘。然后他客客气气地把我们让到办公室。我问他"这些房子现在卖多少钱？"

他反问我道"你开个价吧。你说你想花多少钱买？"

我一下子被他这样反问弄愣了。他说公司决定不再明码标价，而是跟客户直接沟通价格。所以他问我你们打算花多少钱，他立刻就可以和公司去协商。而且我们可以买整个开发项目中的任何一个房子。当时已经建好的房子，大概有三十几栋。我们不但可以随便出价，而且可以顺便挑房源。

但是人心就是这样，当所有人都恐惧的时候，你也跟着恐惧。大家都觉得这是经济灾难的开始，所以我也是压根儿不敢买。消费者都是买涨不买跌的，特别是对于投资品。卖家越是这样客客气气地让价大甩卖，越是卖不出去。

我竟然张口开价的勇气都没有，就客客气气地告别销售经理，回到了家里，打算继续存钱等机会。

05 浦东的猪圈

那个时候，中文网络资讯还不是很发达，大部分的中文广告还是刊登在《世界日报》上。每周我们买菜的时候，都会去买世界日报。世界日报有一个小小的广告栏目，里面登了一些中国房地产的广告。其中一个广告吸引了我的注意力，就是有人在试图脱手上海的房子。当时广告大概是这样写的，"静安寺3室2厅，140平米，售价100万人民币，可贷款。"

从我在上海读研究生买卖股票的时候，我就知道在上海买房子是一个好的投资。说起来很好笑，我的这些知识并不是从任何课本上和书上获得的，而是来自1993年的一次上海的公共汽车之旅。上海交通堵塞严重，去城里需要坐一个多小时的公共汽车。有一次我坐公共汽车，听到两个中年人在侃大山。两个人说过去几年干什么最赚钱。

一开始两个人用货币来说干什么最赚钱。后来两个人意识到货币贬值严重，曾经的万元户现在不算什么了，于是两个人用桑坦纳轿车作为计价单位来讨论。当时一辆桑塔纳轿车大约是 20 万人民币的样子。

一个说："炒邮票最赚钱"。他已经靠炒邮票赚了一辆桑塔纳了。

另外一个人说："炒股最赚钱"。他已经炒股赚了两辆桑塔纳了。

一个接着说："你套现出来了吗？没出来都不算赚到钱，因为还会吐回去。今天两辆桑塔纳，明天让你只剩下四个轮子。"

另外一个接着说："要是这么说的话，养猪最赚钱。"

我当时在边上听了一愣。忍不住好奇关注了起来。为啥呢？我心里嘀咕。

另外一个人接着说，他的一个亲戚，原来在浦东用农业贷款开了一个养猪场。养猪场本身从来不赚钱，勉勉强强打平。但是1991年上海开发浦东，他把猪圈转手一倒卖，赚了十辆桑坦纳。

"十辆桑塔纳！"那个中年人挥舞着指头比画着。"而且是空麻袋背米，自己什么钱都没出，还是土地来钱快。"

他当时眉飞色舞的样子给我留下了深刻的印象。也是我第一次知道什么是投资房地产。今天看来，那个养猪场的经营模式一遍遍在世界各地上演。这个模式的基本道理就是用别人的钱来投资，维持一个平衡的现金流。然后在土地和房产升值后，把房地产卖出。美国的中餐馆经常用这样的办法，他们先买下一个生意清淡的店，努力把它做火。赚钱不赚钱不要紧，只要打平就可以。做火之后，让下家看到有高额的流水，然后转手加价卖出。

今天的张江高科技园，最赚钱的企业不是风头最健的高科技企业，而是最早一批入住张江的企业。这些企业本身往往从头到尾从来没有赚过什么钱，但是靠早期在张江经营而拥有了大批土地和办公室。现在只要收收房租就赚大发了。

高科技企业、中餐馆、养猪场。名义不一样，但是本质上的经营模式都是一样的。首先是尽可能地用别人的钱、银行的钱，然后是坐等土地升值。可惜在 90 年代明白这个道理的人不是特别多。大部分经营者的关注点往往在企业本身，老想着怎样通过企业本身赚钱。其实在充分竞争和充分效率的市场环境中，让一个企业本身通过业务赚钱，实在非常难。

当时的我还没有这样的生意头脑，不明白这两个人对话背后的道理。我只是通过他们的对话知道房地产投资是个好买卖。这个好奇心很重要，它让我后面有机会好好研究上海的房地产历史，从历史中寻找未来可能的投资机会。

我自己在上海待过，所以我知道上海人对房子是怎样的一种执着。建国之后到"文革"结束期间，上海属于控制发展的特大型城市。当时制定的政策是优先发展中小型城市，严格控制大型城市，特别是超大型城市的发展。所以上海从头到尾都想着是疏散人口。为了能够把人更好地疏散出去，上海在整个 70 年代，几乎没有建任何新住房。因为建新住房和国家计划相悖。这就导致了上海在整个 8、90 年代房屋严重短缺。

每个熟悉 70 年代末知青回流历史的人，都会知道居住空间给上海人带来了什么样的心灵痛苦和创伤。这个局面一直延续到 20 世纪 90 年代初，每个人都是八仙过海，各显神通，用尽一切力量，放弃一切人情和尊严，只为了自己有个小小的居住空间。80 年代，我上海的一家亲戚就是九口人居住在一个不足 30 平米的房子里。那一间房子并没有独立的卫生间厨房。它只是一个四四方方的空荡荡的房子而已。

我认为上海居民随着改革开放变富裕之后，每个人都会拼尽全力拿出所有的钱，去改变他们的居住空间。而他们的收入增长的很快。90 年代中我看过一个统计，上海当时大学毕业生每年收入增长为 30%左右。现在他们还相对比较穷，但是我觉得再过几年他们就会变得比较富裕。这样的收入快速增长在香港和台湾的发展历史上都曾有过。

我还仔细研究了上海 100 多年来的房价历史变迁。应该说上海地价在鸦片战争后开埠后并不贵。最大的变化就是太平天国和抗日战争之后。太平天国的时候，由于租界是安全地带，江浙沪大量的人涌入租界，导致房屋短缺，房价暴涨。抗日战争爆发，租界因为相对安全，大量的人口涌入租界。如果你嫌现在上海居住困难，你可以看看 1937 年的租界是什么样的居住密度。上海和香港一样，都是几次战争促成了人口的流入和繁荣。

我后来又读了旧上海几个大亨的发家史。无论是哈同还是沙逊，在一个快速发展的城市和地区，最赚钱的往往不是实业本身，而是土地。哈同和沙逊做房地产的手法也基本相同，都是在某些政治动荡的关口，在人人恐慌不想要房地产的时候，或者在大家还没富裕买不起房子的时候，比其他人早一步，大举买进并长期持有。

如果你觉得上海曾经的控制人口的房屋建设办法很荒唐。你可以去深入了解一下今天中国一线城市的土地政策。过去 70 年就没有什么变化。没有那个管理者喜欢更多的人涌到自己的城市里。因为多一个人就是多一分麻烦。人性使然。读史可以明今，也会让你明白到底应不应该投，如何投资世界的一线城市。

综合了很多原因，我当时坚定地认为要在上海当地人还没有能力和我拼体力购买住房的时候，买房子。投资上海的房子是毋庸置疑的，只是 2001 年的时候我在犹豫，我到底应该先买自住房还是投资购买上海的住房？

钱是为人服务的。也不能为了赚钱，弄得自住房都没有。两方面权衡一下，我当时做出了一个更为大胆的决定：两个都买。可是我实在不是什么有钱人，只是湾区一个普通得不能再普通的工薪阶级。但是作为普通的工薪阶级，这些钱拿到中国还是很能当钱使的。

在当时的中国，虽然有个别的人比较有钱，但是普通的工薪阶级每个月的收入也就是 2000~3000 人民币。而我们的收入折算下来，一个月有 10 万人民币。这是以一当十的绝对优势。这个差距在急剧消失，因为就在几年前，他们的工资不到 1000 元人民币。转眼间上海当地人收入已经涨了三倍。此时不买，更待何时？

所以我开始在中国积极地看房子。当时是委托我在上海的亲戚帮我看有没有合适的房子可以买。我的女友在上海也有亲戚，两边的人都帮我们一起看房子。上海的市中心那个时候就是一个大工地，新楼盘层出不穷。浦东更是一眼看不到头的脚手架，数不清的在建楼盘。

在当时应该说很多美国华人可以买得起上海最核心区的任何一个好房子。不过并不是没有人给我泼冷水。我的一个远在北京的亲戚就给我泼冷水，他说他刚从浦东出差回来，他觉得那里空置现象严重，大量的楼盘盖好了没有人接手，卖不出去。

直觉告诉我，他的话不见得对。按照中国这么大的体量，上海北京的人实在太少了，还会有无穷无尽的人涌到一线城市。法国一半的人口都在大巴黎。超大城市人口聚集是不可阻挡的经济规律。我们的政策人为地降低了这个速度而已，而最终政府只能靠房价阻挡汹涌而来的人群。

我的两个老中同事和我聊起来在上海买房子。他们也都是负面之辞。两个人都是地地道道的上海人。一个年纪大一点，他说上海房价已经太高了，当地的上海人怎么会买得起那么贵的房子？因为当时本地人工资收入 2000-3000 一个月，而房价是 5000元一平米。即使不吃不喝，也要 200 个月才能买一个 100 平米的住房。另外一个同事说起中国的房子就只是摇头。他说那根本不是你的产权，你只有 70 年的使用权。70 年之后，国家统统收走。另外他对中国的建筑质量也表示堪忧，他说大部分房子三四十年之后都会变得破败不堪。

上海人以精打细算而著名。和我说起来这事的时候，他还仔仔细细地跟我算了一下账。按照每个月租金。在上海买房子是一件多么不合适的事情。因为你购买一个 100 万的住房，月租金当时只有 3000 元，一年的租金也不过 3 万元，要 30 年才能收回投资。既然 30 年才会收回投资，大家会选择租房子而不会去买房子。

我当时非常坚定的认为，他们说的都不对。他们最大的问题就是用静态的数据分析未来。他们没有考虑到未来收入和未来房租的变化。上海人现在不富裕，但是按照每年 30%的增长，再过10 年之后他们就会变得富裕起来。租金也许现在是低的，但是租金和收入基本上是同比例的增长。总体而言，城市居民平均要拿出他们收入的 1/3 左右用来支付住房消费。美国 200 多年以来的数据大体都是如此。

我当时没有找到更古老的数据。但我怀疑即使在封建时代，哪怕是在原始土穴时代，人们也是拿出自己获得的 1/3 的劳动力，用来改善居住。因为居住是刚需，一个人 90%的时间是在室内度过的，现代城市的居民 60-70%的时间在自己家里度过。住房是刚需，因为人长期在家，舍得花钱营造一个好的环境。在过去 200 年里美国的科技发生了翻天覆地的变化，可是人们还是和200年前一样，拿出1/3的收入用来住房消费。这可能和人的天性有关。不然那些封建贵族不会花那么多钱去装饰自己的城堡。

至于说 70 年的房屋使用权，那简直就是一个自欺欺人的说法。如果你熟悉历史，你就知道那是一个不得已的变通办法。因为宪法里写着土地归国有，你总不能让政府真的把土地卖给你吧？那是政府给自己找的台阶，保持公有制革命合法性，让政府留有颜面。除非哪天政府不想混了，才会到了 70 年把好好住在自己家里的老百姓从家里赶走。

在这个购房的讨论中，我也基本上明白了另外一个道理。那就是和我持反对意见的人，他们不是不明白自己的道理不靠谱，只是他们不愿意正视对他不利的理由。大部分人思考的逻辑是先有结论，再去找道理。我自己也不能幸免这个规律。如果你想做一个事情的时候，你会找千万个理由支持自己做这个事情。如果你不想做一个事情，比如在当时，如果你不想买上海的房子，你会给自己找各种理由说明自己判断的正确性。理由不是判断结论的依据，往往只是自我安慰。

你想成为富人，你想变得有钱，你自己会想办法去实现这个目标。如果你一开始的结论就是我买不起，我无法投资，我不可能有钱，那么自然而然你也就给自己找各种理由，然后真的就是不会去投资，最终也不会变得有钱。

06 选房

在年轻的时候，你经常会发现生活中很多事情全部都交织在一起。在那个纷乱的时候，我和我的女友决定结婚了。我们的婚礼很简单，没有请任何人，只是和她与她的家人一起去阿拉斯加进行了一次旅行。那个旅行和其他次旅行没有任何区别，只是游玩了一下风光。我们没有买什么金银首饰，更不说去买什么钻石，因为我觉得结婚买钻石，绝对是彻头彻脑的钻石商的骗局。一个"爱情恒久远，一颗永流传"的广告语就把大家洗脑了。没有任何统计数据证明买钻石的比没买钻石的离婚率低。

爱情是两个人的事情，两个人觉得心意到了，也就应该结婚了。并不需要一个破石头来证明两个人互相很相爱。更不用奢侈的婚礼向世人告知我们很相爱。两个人是否相爱，彼此心知肚明，和其他人没有关系。

至于我的父母，那就更简单，我只在电话里告诉我妈妈，我结婚了。然后给她寄去一张合影照片。两个人相爱，最好的方法就是共同做一些事情。无论是营造自己的家。还是共同去创业。对于我们来说，当时我们两个最热衷的共同事业就是营造财富。

上海的亲戚们很快有了回应，他们分别帮我们挑中了两套住房。一个是在静安寺的一套住房，一个是在徐家汇的一套住房。但是都建议我们回去看一下再定夺，要确定这是我们喜欢的房型。

很多当时回中国买房子的人，都卡在这个事情上。就是要等他们顺道回中国的时候才能购买。因为需要他们去看这个房子是不是他们真正喜欢的。而看来看去就把机会看丢了。因为当时的房价已经蠢蠢欲动。很多人已经开始提前一步，纷纷抢房。如果你看过电视剧《蜗居》，你就大概知道当时购买房屋是怎样一个情景。

一个房子开盘买卖，无论是二手房还是新房，一下子就会涌进来十几个买家。然后业主站在房子中间，漫天要价。那十几个进来的买家，纷纷报价，看谁报的高，谁就能够得到。大家惊叹买房子比买白菜决定的时间还要短。

这样的市场情况下，等你还去看什么房型挑挑拣拣，还哪里有你的份儿。我当时的决定就是，房型不重要。因为在中国的公寓房，其实没有多大的区别。3室2厅也好，4室1厅也好，都是平面上一些简单的布局。毕竟只是一个毛坯的公寓，只要房间方方正正，不要是底楼和顶层就可以了。美国的住宅形式不一样。

美国的住宅需要比较院子的大小、房屋的采光、平面的布局、装修的风格、后院的风景，所以光看图片是不行的。

当然最关键的是中国买房子纯粹是一个投资行为。我又不去住，我为什么要关心房型构造，或者我是否喜欢呢？我喜欢又怎样？我不喜欢又怎样呢？

当时我对投资房地产的大部分经验都来自小说和传记。在我买投资房之前，我没有看过任何一本专业的房地产的书籍。我的很多知识都是来自一些名人的故事。比如大家都知道康有为是变法改良的先驱，我读他的故事，意外注意到他其实是在墨西哥投资土地中发了一笔财。和他同时代的梁启超先生，学位人品都俱佳，可是他和子女的书信往来很多内容都是关于房子买卖的讨论。他能够一直过着比较富足的生活，很大一部分原因也是投资有方。更近的历史中，给我最大触动的是连战的母亲是如何做到台湾巨富的。应该说连战家到台湾开始只是一个不起眼的小家族。连战父子忙于公务，他们家有钱完全仰仗连战母亲投资理财有方。她的做法就是在台湾经济起飞期间，持续购置了大量的房屋和彰化银行的股票。

所有这些投资理财的故事都告诉你，房子最重要的就是地段。而地段是地图上可以看到的，所以我根本不需要飞回上海去看具体的房型情况。我是那个时候在中国买房子，少数房子看也不看就决定的人。

大部分人在做重大财务决定的时候，采用的是鸵鸟或者是随波逐流的方式。因为花一大笔钱出去，大家心理上会本能地感觉到害怕。面对令人担心的事情，拖一拖是相对保险的方式。所以人们用各种各样的方式给自己拖一拖找理由。这些理由包括房子我还没有去看。房子租不出去怎么办？贷款我办不成怎么办？等等。

在投资理财论坛上，后来经常有人叹息他们和各种投资机会如何失之交臂。于是我也观察和思考很多人在投资重大决策面前错失良机的原因。不是他们不明白，而是明白了，但是做不到，就是古人所谓的知易行难。我把它归结为执行力。就是很多时候我们知道一个正确的事情要做，但是自己的执行力欠缺。和我同期也有大量的海外华人意识到投资中国房地产的重要性。在以后的日子里，我也观察到很多人明明知道是投资湾区房地产的好时候，但是他们就是做不到。很多投资你知道，但不见得能做到。但是如果你没有做到，那你知道又有什么意义呢？只能让自己空叹息，当年如何如何，全部一场空。

我当时下了死决心，就是我无论如何要做到。但是我可以用的钱不多，我只能花最多 5 万美元。当时看中了一个 100 万人民币左右的房子。中国当时买房子首付 30%，外加上一些税费。所以我准备了 40 万人民币，也就是 5 万美元就够了。

当时没有人清楚海外华人买中国的房子的手续怎么办。我自己也不清楚，只能是瞎子摸象，走一步看一步。为了坚定自己的信心和决心，我把 5 万美元先汇回中国再说。然后开始咨询如何去大使馆办各种公证手续。我相信一个道理，那就是当手续已经完全正规化的时候，一切都已经晚了。

正当我要克服一切困难，动手买入的时候，不幸的事情又发生了。真是好事多磨，一波未平，一波又起。

07 抢房

那就是中国爆发了非典疫情。非典疫情一下子让上海北京这样的大城市一夜之间变成了鬼城，街上空无一人，每个人都躲在家里。老外都跑光了，开发商的销售处空无一人。没有人知道，非典疫情会持续多久，也不知道对经济会有多大的影响。我亲戚给我的建议也是，你等一等吧，等疫情过去之后再说。因为那时市场陷入了持续的恐慌，人们也不愿意出门，特别是没有人愿意到人多的公共场所。

于是我陷入了焦急的等待。美国这里是 911 之后的萧条，中国那边是非典疫情下的萧条。而美国联储局还在继续降息。应该说我当时对宏观经济并不是很懂，于是我咨询一个学经济的博士。他倒是很热心，把利率、萧条、股票、房价、通货膨胀等各种因素给我科普了一下，然后大概跟我解释了一下它们之间的变化关系。但是做学问人的话，总是云里来雾里去的，告诉你一大堆现象，但是就是不会给你任何有用的结论。

我追问他结论是什么？到底是涨还是跌。他倒是对我说了老实话，那就是宏观经济学到今天只能做到解释某些现象，预测功能还很差。你随便找出十个经济学家，五个看涨，五个看跌。我当时以为那是因为经济学还不够发达，也许哪天有牛顿这样的人物出现，也许就能把经济学扳上科学的轨道，我们就能像预测铁球何时落地一样预测资产价格的变化。现在我知道那是永远不可能的，因为即使有人能做出那样的精准预测模型，那么资产价格也不会一步到位，而是在那个预测的价格左右波动，因为人人都会逐利。从经济学家那里是永远得不到任何对于未来形势判断的结论的。所有对未来的预测必定都是模棱两可的。

然而永远不乏大胆的人尝试预测，想一举成名。当时我印象中《财富》杂志有一个封面文章。上面画了一个悬崖，悬崖上面是一个摇摇欲坠的房子。标题就"房地产是不是股市后的下一个？" "Is real estate the next after stock market?"

这样的标题看着很吓人。估计那本杂志卖得不错，因为耸人听闻的标题和画面总是可以抓人眼球，让大家忍不住去翻一翻。我反反复复把那篇文章读了好几遍。总的来说那篇文章说的就是，经济下调之后房价不暴跌是不可能的，只是我们不知道暴跌的幅度有多少。

又过了几个月，我给我的中介打了一个电话，我问了一下上次我看中的那个 50 万美元的房子，卖掉了没有？

中介跟我说，原来的房东降了 3 万美元之后，一个月后卖掉了。这让我有些着急。一方面我在急切地解决自住房问题，想过上标准美国梦的日子。另外一方面，那个时候我太太已经怀孕。怀孕让女性有本能的筑巢心理，她希望尽快找到一个房子，把我们自己的住房安定下来。

于是我们又到上次去看过的那个新开的楼盘去看，看看那个任我开价的楼盘卖的怎么样？如果可以的话，也许我们可以开一个很低的价格，看看能不能捡个便宜。不看不知道，一看吓了一大跳。

满街大甩卖的红旗不见了，一个人都没有了，全部撤了。连各种指路牌子都没有了。好不容易找到了销售办公室，懒懒散散的只有一个人。我问还有房子卖么？他说都卖光了，一个都不剩。

这把我吓了一大跳。人们总的心理是买涨不买跌的，我也一样。我想起用假饵钓鲈鱼的场景。我就是那个水中的鲈鱼，看见眼前诱饵在迅速离去，想也不想地要冲上去来一大口。我连忙翻看《旧金山时报》San Francisco Chronicle，那个报纸每个周日都有一个房地产栏目的专刊，上面列着所有湾区的新建楼盘。然后立刻马不停蹄地去另外一个新的开发商楼盘那里购买新房子。

在那个开发商里，我看到的是一个新的景象。就是在销售办公室门口大家开始排队。需要排队抽号才能够买房子。人就是这样。前几天让你随便开价，随便买，你就是不敢买。这个时候加价了还要排队抽号，大家不惜寒风中排队一个晚上也要买。

好不容易拿到号之后。你还要去给房子加价。你选一个你喜欢的地块，然后你给出你的价格。房地产商给出的是底价，你需要在这个基础上选择是加一万、二万，还是五万美元？

我当时大概是加了一万美元的样子。但是竟然没有买到，被另外一个人以更高的价格抢走了。那对我刺激很大。回来的路上，我和我太太都垂头丧气的。我们又去看了一下，那个我们退掉后被别人低价抢走的房子。那个房子门口插着的标签已经被拆掉了，显然房子已经过户了。紧闭的大门似乎在嘲笑着我们。

人们失去一样东西的时候，就会觉得那样东西格外的珍贵。当时决定等等看的理由一下子消失得无影无踪，剩下的都是懊悔。我们在门口转悠的时候，就觉得那个房子这里也好那里也好：院子不大不小正正好，又是海边的房子，可以看见一部分海湾里的风景；周围的公园又整齐，设施又新；外面的马路上车又不多，交通便利。

那天晚上我们吃饭的时候，好像都没有说什么话。市场给我一个深刻的教训，就是在众人沮丧的时候，一定要勇敢。我给上海的亲戚打电话，毫不犹豫地跟他们说，只要房产商办公室开门了，就立刻办手续。至少先把定金付了，定金付了之后，后面的手续再慢慢办。

08 抢到房

天无绝人之路。过了几天，我收到了一封电子邮件。说开发商上一批的房子都卖完了，但是后面又出了一批房子，就在下周，大家可以来预定。
这次我们是志在必得。电视上新闻报道说湾区的几个区又开始了排队抢房的壮观景象，有的人为了买房，排队排了两天一夜。

显然衰退是短暂的，最糟糕的时候已经过去了。而联储局的一再降息，对房价有推波助澜的作用。后来的故事大家其实都知道，这一轮的降息，直接导致了房地产的泡沫和 2008 年次贷危机的爆发。当然这是后话，当时没有人能够预见到这些。

　　我现在回想一下，当时能够快速转弯去买房的很大的原因就是我不是一个特别固执的人。有些人非常聪明，但是聪明的人容易刚愎自用。当现实和他们大脑的观点不一样的时候，他们会顽固地坚持自己的观点。可是无论再怎么聪明的人也有犯错误的时候。一个人当事实和自己的预期不相符的时候，要尽快接受客观现实，修改自己大脑里对未来判断的模型。这样的例子在我们生活中很多。在房地产市场上，2000年初的时候，相当一部分比例的一线城市居民不看好中国房市。然而一部分人修正了自己的观点，一部分人坚持了自己的观点。有人说，中国新的中产阶级的划分基本上也就是这两派的划分。之前大家都穷，后面看涨买房的人变成中产阶级。而坚持错误的观点的人，则是一二再再而三地错过了中国的黄金 20 年房市的人，他们就没有跻身到这个阶层。

　　也许是长年的理工科训练让我习惯了用现实的数据校核自己大脑中的模型。我总是将自己大脑中对未来的预测理解为我们做实验验证之前的理论模型。理论模型要有强大的逻辑上的道理，但是再完美的逻辑和模型也要在事实面前不断被修正。

　　我不是一个特别固执的人。我清楚地看到自己之前犯了错误。所以我决定用更加夸张的出价，尽快买到自己的房子。因为我知道房价一旦涨起来的话，那一点小小的差价，根本就变得不重要。

　　第二次我们一口气加了三万美元。比原始的基础加价了 7% 左右，终于买到了自己的房子。虽然这个房子不是小区里性价比最好的那个。院子比较小，房型我也不是特别的满意，但无论如何，这个时候抢到是更重要的事情。历史一二再再而三地证明，大部分时候，买还是不买是关键，而不是买了什么。

　　好消息总是伴随着坏消息，这边手忙脚乱地抢到了房子，上海那边却传来坏消息。在经历了非典短暂的低迷之后，当买家回到市场里发现，其他买家也已同样的速度回到市场里。于是大家又开始了新一轮的抢房。我要买的那个房子，虽然定金已经付了，但开发商竟然说，只能把定金退给我们，因为没有房子卖给我们。他们收的定金数比房子数多了，

"怎么还有这样的事？"我在电话问。定金的意思不就是定下来么？还有收了定金不卖你房的事情。但是事实就是事实，市场就是这样火热。这是一个没有办法的事情，有这个功夫跟他们吵架，不如去寻找下一个机会。

我在美国买第一个房子的时候，我几乎是把口袋里的最后一分钱全部用完了，才办理完过户手续。为了保持杠杆，我坚持付最低可能的首付，10%。当然很多人会付更高的首付，比如 20% 或者 30%，这样可以拿到一个更好的利息。但我觉得更高的杠杆对我可能是更有利的，利息差 0.25%~0.5%，其实没有什么太大的区别。在你能够感觉到房价要上涨的时候，你想做的就是花光手中的每一分钱。买上海房子的钱已经汇出。所以手上剩下的钱并不多了。过户费用(Closing cost)，更是雁过拔毛，当把所有的费用都交光之后，穷得只能靠信用卡过下个月的日子了。

这么多年来我回顾历史，投资房地产市场成败与否最主要的就取决于你的执行力。我感觉房地产趋势的判断不难，往往一个趋势会持续一段时间。执行力好的，就能够比别人稍微快地抢到房子。执行力不好的人，拖拖拉拉的，最后可能就会一直两手空空。

美国的房子买好了，中国的房子依旧是个问题。好在几个月后同样一个开发商第二期的房子出来了。可能是上一期的房子没有卖给我，所以他们有一些歉意。这次让我们优先挑到一个房子。

然而光是付了房子的定金，还远远没有结束。吸取上次的教训，我需要最快的速度办理完过户手续。在中国买房子需要无穷

无尽的手续和各种证明材料。我需要去办理一系列的公证。当时还不是特别清楚，在美国的中国人如何在中国贷款买房子。连银行自己都不是很清楚，他们只是说去当地中国使馆办理公证委托手续，办收入证明。具体手续没有任何表格可以填写。

于是我就耐着性子，一样一样的把文件都准备好。我记得当时有一个投机取巧的事情，就是没有按照通常的规则去办三级公证，而是写了中文直接去大使馆办了公证。我把自己的经验后来总结了一下，发在博客里，叫作"手把手教你如何在中国买房子"。这个博客很受欢迎，曾经一天就有一万多点击率。可见在美国的华人有很多人都在关注中国的房子。

手把手教你如何在中国买房子 (2007 年 5 月 25 日)
By Bayfamily

第一步：家庭内部取得高度统一。国内买房虽比西天取经要容易一点点，但比回国吃喝玩乐要难一点点。多半要和国内的婆家、娘家的利益，忠孝之类的东西搅在一起。中国的官老爷又特难缠，远程遥控更是鞭长莫及，所以树立坚定的统一联盟、和远大的理想很重要。

第二步：明白为什么在中国买房，给亲人改善条件？降低美元贬值风险？给自己养老用？长线投资？短线投资？两者兼有？目标明确，才能制定出有效计划。决定是否贷款、在何方贷款，在哪买房、买什么房。

第三步：想想自己的亲朋好友在哪里，房子是一定要有人照看的，即便你托付给管理公司。决定好在中国哪个城市后，和朋友亲戚取得联系。问问人家是否愿意帮忙。

第四步：做功课，了解一下当地的市场。官方的统计数据非常不可靠。最有效的是去和房产有关的 BBS 看看。那里和投资理财论坛一样。有第一手的信息，和最新的成交经验。除了全国范围的，人人皆知的搜房网、焦点网以外，各地还有很多非常有特色的网站。比如我常去上海的安家网、豪宅网。

第五步：去中国大使馆办理委托、公证。要端正态度，放下主人翁感，有草民要饭的毅力和耐心。你需要办理以下文件：

1）委托书，去大使馆网页下载表格。用中文填写，尽量不要用手填，要在计算机上填好，打印出来。实在觉得自己字好的，别忘了用黑钢笔填写。委托书，原件要办五份。千万不要只办一份，国内的各个部门，个个是老爷，全要原件。所谓五份原件，就是打印五份表格，在大使馆，当着书记员的面，签五个签名。这样大使馆就会给你五个大红图章。国内人都喜欢大红图章，复印的不要！

委托书这样写，"兹有 XX、XX(夫妻名)委托 XX，在 XX 市，办理房产购买、交房验收、银行贷款、产权过户、注册登记、税金缴纳、等其他一切相关手续。"即使是你一个人买房，建议你把夫妻名全写上，不然会有后患，下面我再解释。别忘了"等其他一切相关手续"，买房手续烦琐，不定你忘了哪个衙门。

委托书不要用英文写，更不要去办公证(Notary)和州务卿公证认证的傻事。直接找大使馆，填中文。当然住小城市的兄弟们就辛苦了，得亲自来一趟。注意这个只适用于中国公民，如果你已入籍，委托律师帮你办三级公证，350 美元。不要把自己累得半死。

2）收入证明。需要你单位人事(HR)写封雇佣证明信(Employment letter). 收入证明是贷款是给银行看的。银行要做你的生意，所以要求不严。想省事的，就不必跑大使馆了。光有 Empolyment Letter 是不够的，国内人迷信图章，所以你得弄几个章在上面。我是找 Notary，当着他的面把原信复印，然后由他公证我的签名证明原件和复印件相同。这样的公证本质上一点意义也没有，无非是收集点图章。但我在国内试了几次，屡试不爽。

最好找有钢印的 Notary，一大堆图章一敲，文件就看起来像那么回事了。我曾经亲自在上海建行帮他们审理过这些文件。当时我到贷款处办手续。他们太忙了。我主动提出帮他们整理文件。他们竟答应了。世界各地的什么样文件都有。根本没时间细看。唯一的标准就是否有像模像样的图章。在上海，有的银行要 1040 税表。你把它打出来，当着 Notary 签字，敲图章。

3）婚姻证明。比如在上海，无论你是以个人名义还是夫妻名义买房，都需要婚姻证明。不然，你必须办个单身证明。规矩比较奇特，但草民也只能乖乖听话。任何时候不要提及自己有子女，不然又是一道证明。要是在美国结婚，把结婚证复印一下，和收入证明一样如法炮制，图章一敲，一路绿灯。要是在中国结婚，把原件寄回去就可以了。不要自己去翻译收入证明和婚姻证明。这两个文件都是给银行的，多交 500 人民币他们帮你翻译，这样省了很多公证翻译的麻烦。上面的三个文件是我的经历，中国的其他城市可能和北京上海不一样。

第六步：开银行账号。国内的人现在没法帮你开账号。你要是回国的话，记得千万抽空自己开个账号。将来总是有用的。没有账号也不要紧，可以用别人的账号，贷款也可以。建议你完成以上六步后，再去看房子，正在买的时候，好的楼盘走得很快，来不及等。很多人空谈回国买房很多年而没有行动，往往是因为被看房子绊住了。

第七步：看房子。其实国内的房子没什么可看的。公寓房基本上没有什么变化。几室几厅，换过来倒过去就那么回事。但有许多在美国不成问题的东西，国内非常在意。比如，南北通透，朝向、阳光遮挡。顶楼和一楼不要买，再便宜也不要。二楼不能买，因为二楼以上的污水管在二楼汇总。其他的楼层就是看个人喜好了。我在国内买的房子，之前一个我都没看。地点重要，房子无所谓。看房子会让你错过很多时机。

第八步：汇钱。要汇大量的美元的话，会有一点麻烦。现在规矩有点乱。以上海为例，需要是直系亲属。总额不能超过 5 万美元，一次不能超过一万。但执行的也不是那么严格。再多的钱也有办法，只是比较麻烦。

第九步：等待。剩下的事全都是国内人帮你办了。房产证一两年才能下来。装修、出租。麻烦事还很多。

常见问题：

1）付现金还是贷款？取决于你的目标(Goal)是什么。房产投资的秘密就是借鸡生蛋和杠杆（Leverage）所以，你要发财，就要贷款。人民币也好，美元也好。别怕麻烦。别担心别人笑话你穷。如果是自住现金比较好。贷多少？那要看你有多贪心了。

2）新房还是二手房？国内新房会有溢价(Premium)，因为二手的东西，大家总是不喜欢。投资的话，应该买二手房，因为你将来售出的房子总是二手的。二手房立刻会有租金收入，无须装修。但买二手房手续买起来很麻烦。还有欺诈风险。你得有比较铁的关系帮你才可以。还有一点，别为了面子在国内买房。装修不值钱，增值的是土地。把钱花对地方

3）自己名义还是他人名义？长期投资和未来自己自住的，还是自己的名字比较好。短线操作，他人的名义比较好，进出方便，但要有信得过的人。

4）税收和费用？国内的税非常混乱，政府也不知道是真糊涂还是趁火打劫，借宏观调控的名义，税法是朝令夕改。今天这个费、明天那个税。昨天上海又宣布执行 20%的个人所得税。长期风险，各自把握吧！

5）限外令？外国人可以买。限外令执行的并不严格。家里有一个中国护照就够了。全是外国人，严格意义上只能买一套。

6）入市时机？说到这，要挨砖头了。上海房价，横盘了两年多，种种迹象表明，现在是下一轮大涨来临的前夜。这是国内

大气候，国外小气候决定的。但中国整体经济风险很高，随时会爆发大的经济、政治危机。两者孰重孰轻，没有人知道。我的策略是，坚持在国内用人民币贷款。赚了是升值的人民币，亏了的话，可以爽约(Default)拍屁股走人。这样无论如何，不会影响我在美国的生活,但又对冲了因为中国发展，我在美国成为相当穷人的风险。

让我高兴的是，有不少人因为我这篇博客受益。因为在这个博客发表之后的很多年里，你在任何一个时机买入中国的房子，现在都能赚很多钱。我一直都是相信给予其他人的付出，终究会有回报的。人世间恩恩怨怨各种，你做的每一个善行，最终都会以某种形式回赠给你。同样，你做的每一个恶行，最终也会给你带来伤害。

两个房子都买好了，但是后面面临的就是装修，归还贷款，还有把上海的房子出租等等事情。首先就是每个月的房贷，我们是否能够支撑得住。大部分人买房子的时候，都会有这方面的担心。虽然房价在上涨，但是美国失业率还在攀升。我们算了一下，即使一个人丢了工作，其实也还是可以还得起房贷的。

因为我们平时的消费水平并不高。在我记忆中当时每个月除了房租之外，我们的开支是在每个月 1500 美元左右。这个数字对于很多年收入是 15 万美元的家庭来说是偏低的。但我觉得这个标准的消费水平并没有给我的生活带来什么困扰。

因为在读书的时候，我每个月的生活开支大概是 500 美元。现在我们两个人在一起生活每个月开支 1500 美元。即使相同的生活水平，总量还是比之前还多了 500 美元。当时每个月的房贷是 2000 多美元，再加上每个月的房产税、物业管理费、保险，房屋总支出大概是 3000 多美元的样子。房子的支出再加上 1500

美元的生活费，一共是 4500 美元，一个人的工资是绰绰有余的。

维持上海的房子有一些麻烦。最主要就是我们需要每个月还贷款。我飞快地把它装修好，然后就挂牌出租了。能否把房子顺利租出去在当时是个很不确定的事情。因为本地的上海居民还没有那个租房能力。2002 年，当时大家工资也就 2000-3000 一个月。怎么能花 6000 元租房子呢？有租房能力的人都忙着存钱自己买房子了。不过我们最后运气还不错，一个生活在上海的德国人租了我的房子。租金和每个月的房贷相比稍稍少了 2000 多人民币，折算下来我们需要每个月补贴上海的房子 300 美元左右。

所以即使我们用这么大的杠杆同时买进了两个房子，我们依旧没有特别大的压力。大部分人购房时候的担心和恐惧是多余的，更多时候是给自己不做为找借口。虽然我们是极其普通的工程师，在湾区拿着非常普通的年薪，我们只需要用一个人的工资就可以应付所有的开支。另外一个人的工资可以被完整地存下来。这样我们的存钱速度和之前并没有什么太多的改变。我们依旧可以继续存钱投资买后面的房子。

搬到新家里，当然需要购置家具等生活用品。当时一个中西部的朋友，到我这儿来看看。他很为我高兴。不过他小心地提醒我，说在他们那里，买了新房子之后都是要穷三年的。

我好奇问他"为什么要穷三年？"。

他说他们那儿的习惯用房子价格一半的钱来装饰房子，购置家具。那样装修好的房子才能体面又显得舒适。

我却不这样想，我最不喜欢的就是那些无比沉重的家具。很多中国家庭购买家具的时候，喜欢购买那些实木的真材实料的家具。可能是受红木家具风气的影响，仿佛要一买家具就恨不得用上几百年，然后传给自己的儿子和孙子。

　　我这个朋友就是，他们两口子花了二万美元，买了一个无比沉重的吃饭桌子。桌子沉到夫妻两个人合力都抬不动，要搬动的时候，需要打电话请额外的工人来搬才可以。

　　我觉得这纯粹是有钱没地儿花，自己给自己找罪受。东西都是服务于人的，我们没有必要把它们像祖宗一样在家里供起来。家具的投资其实是最不合算的。可以说即使是最好木料的家具都毫无投资价值。因为家具的款式会过时，流动性很差。除非你有本事买一个稀有的木材做的家具，请一个名家大师，然后捂上几百年才有可能增值。所以我很简单，我喜欢轻松简单的家具，过几年不喜欢了，我就扔掉换一批。我去 IKEA,只花了 2000-3000美元，基本上把新房子所有的家具就都配齐了。

　　房子的室内装修也是一件事情。交给我们的房子是全地毯的房子。而我们中国人的习惯通常是一楼是地板，二楼是地毯。这样的话，一楼容易保持干净，二楼温馨舒适。如果请别人来铺设地板的话，恐怕也要花一万美元。那个时候我年轻充满精力，决定自己干。我觉得对家庭之爱最好的表现就是自己装修自己的房子。因为你付出劳动，所以对家里的一草一木、一针一线都会倾注深情。

　　那是我第一次自己装地板。我在网上订了地板木料。木料是我自己开车去木材公司运来的。木材公司仓库在两小时以外的一个城市里。我算了一下木材的重量，避免汽车超载，找了一个周末，来来回回开了两趟。一路只能开得很慢，慢悠悠地沿着高速公路最外面的一个车道，打着应急灯才把各种装地板的木料运到家里。具体成本我有些不记得了，大约是请人铺设地板费用的1/3 左右。我还是牢记当年机场接我的老宣的那句话：美国的人工比较贵，尽可能自己干活。

　　写这本书的时候，我已经人到中年。让我回首往事的话，年轻的夫妻最充满欢乐的时候，就是一起动手营造自己的家。当时我的太太已经怀孕好几个月了。她不能帮我抬东西，只能边上递给我工具和帮我出主意。我满头大汗地把半吨重木板一点点地搬了进来，一块块铺在地面上。太阳从日出到日落，房间从昏暗到明朗再到昏暗，地面上的窗影在一点点地延伸。我累得几乎直不起腰来，但是内心充满了欢乐。我花了两个周末，把一楼的地毯全部改造为地板。然后再花了一个周末把厨房的柜子油漆成我喜欢的颜色。

在美国有了自己的房子之后，可能很多人都有类似的经历。每个周末最快乐的事情就是在家里鼓捣安装各种东西。除了室内装修，就是做后院。全新的房子交付的时候，后院是一片泥地。这个时候通常要花一两万美元雇佣承包商才能把后院修到可以使用。

铺完了地板，我对自己的土木工程能力感到信心满满。于是决定自己修后院。一方面我觉得这些事情本身很有趣。你可以学习新的知识。另外，自己可以对自己的家进行各种设计，哪里种花？哪里种树？哪里铺上木板阳台（deck）？这些事情本身让生活充满快乐。

购买新房子之后的第一年里，每个周末我几乎都泡在家里，做各种各样的东西。后院的每一棵树，每一丛草，每一个花坛都是我自己弄的。院子不大，我自己动手铺设了一个 100 平米的 deck 可以供孩子玩耍。我新家的每一个地方都留下自己辛勤的汗水，那种感觉非常好。

等一切都做完了，我算了一下，里里外外各种装修的费用，算了下来，我总共大概花了一万元。这些活儿如果包给别人做，大概成本在三万美元左右。因为个人收入税的原因，如果你能省出来两万美元，其实相当于你多挣了三万多美元。

10 涨价

有了自己的房子另外一个开心的事，就是可以不断地开派对，认识更多的人。当时我是和我同一批到湾区来的，所有我认识的中国人里面，几乎最快买房子的人。而其他动手慢的人，他们的痛苦就渐渐显现了出来。

最大的问题就是房价开始飞涨。我抢到这个房子之后，房价半年之间就又涨了 10 万美元。这让很多没有买房子的人感到气愤。存钱速度赶不上房子涨价的速度，半年白干了。由于利率一再调低的原因，房价一路上涨。房价上涨就带动了更多的人买入，又推动了上涨。

当然那个时候也是危险渐渐出现的时候。因为渐渐开始有 100%贷款。就是买家一分钱的本金都不用出，完全由银行提供全部的贷款买房。我买房子的时候，最低首付也需要付 10%。100%之后不久又有了 102%的贷款，就是你不需要付一分钱，银行帮你解决所有的购房款问题。多出来的 2%用来支付买房的各种手续费和税费。

首付低于 20%之后。抵押贷款会分两部分，一部分是正常贷款，第二部分是用来付首付的贷款，叫作第二贷款(second mortgage)。当时我付 10%首付购买这个房子的时候，我也有两笔贷款。不过随着房价的上涨和利率的降低，我有机会重新贷款(refinance)了一下。这样很快我就只剩一个贷款了，传统正常贷款。虽然我贷款总额还是跟以前一样，可是因为利率降低了，我每个月付的贷款就更低了一些。

过了一年，当房价又上涨了 20%的时候。和我同期来到湾区的小伙伴们陷入了深深的痛苦折磨之中。因为经济的基本面并没有特别的好转。房价高升，可是这个时候是买还是不买呢？

买了，怕房价下跌，造成自己亏损。在美国房价下跌，是一个灾难性的事情。因为银行会不断地评估自己的风险。比如你首付如果付了 20%的话，房价下跌了 10%。那你的净值(equity)就只剩下 10%了。这个时候银行就会让你多付 10%的首付，提高首付比例到 20%，或者让你买额外的按揭保险(mortgage insurance)。

那时候，每次中国人的派对说的最多的就是房子。有时派对的主人嫌烦了，会公开声明一下，今天的聚会不允许讨论房价。对房价的判断永远都是两派，一派看涨，会说湾区天气有多么好，产业有这么多，大家都来，所以要涨。另一派就会说，湾区人口在外流，湾区房价已经贵得离谱，产业外迁，所以要跌。我看几十年这两派都没有什么变化，我们中国人的派对永远都在讨论房价。

在争吵和犹豫中，房价又涨了 20%。很快，我花 40 多万美元买的房子已经涨到了 70 万美元。这个时候，小伙伴们又陷入了更痛苦的煎熬。每一个聚会，大家的辩论变得越来越激烈，当时说的最多的一句问题就是"我们要不要咬下这个子弹？" "Should we bite the bullet?"

有人信誓旦旦认为房价会跌。这些人多半是因为各种原因错过机会没买房的。而房屋持有者则认为房价只会稳中上涨。因为他们说又有那个公司要上市了，哪个公司要扩张了。所以房价总是要涨的。

当时我对房价未来的涨跌其实是中性的态度。因为足够多的历史数据证明，房价不可能持续地涨，当然也不可能持续地跌。上次买房我一脚踩空的教训给我留下深刻印象。如果回顾历史的话，2006 年应该是处在一个相对高的价位，所以我没有劝任何一个我的朋友买入房子。我跟他们说如果你要买房子，赶紧买中国的房子，而不是湾区的房子。可是听我这样意见的人很少。当时和我年纪相仿的人，大部分人都急于解决自己的住房问题，而投资中国是一件遥远的事情。

中国那边的房价更是波涛汹涌，一波接着一波地往上涨。上海市长在一次外商招待会上说，买上海的房子是包赚不赔的。这下推动了市民买房的恐慌。我 2002 年 100 万人民币买入的房子，2004 年很快就涨到了 200 万人民币。我的亲戚打电话恭喜我。不过他建议，我干脆把它卖了吧。他说你都挣了 100 万了，还不赶紧把它卖了。因为当时 100 万人民币，对于国内的大部分人来说还是很大一笔钱的。大部分人一辈子没有拥有过这么多钱，无论怎么说也是百万富翁了。

不过我研究过历史，我知道台湾和香港房价的历史。我更了解韩国和日本的房价历史。我知道这才是一个小小的开始，后面的涨幅还长着呢。

11 中国房价

我认为大量的钱都会涌向中国。中国处在一个高速发展的初始阶段。这个阶段和日本韩国的 70 年代、台湾的 80 年代、香港的 80 年代非常相似。现在房价才涨了一倍，那还早着呢。100 万人民币未来回头看看根本就不是什么钱。

我不但不要把自己的房子卖掉，我还酝酿着怎么样在中国买入第二个房子。第二个房子我不想买在上海，而想买在北京。我想在北京买第二个房子的原因有很多。今天回忆起来有两个。第一个是 2004 年的时候，上海的房价已经涨了一倍了，但北京的房价还没有涨起来。很多在北京的居民，他们简单想上海房价贵是炒起来的，因为上海黄牛多，有投机的风气。

房价飞涨其实和炒作没有任何关系，反映的是底层的供应和需求的不平衡。而北京的这种不平衡，在我看来，在未来会显现的比上海更加突出。主要就是北京比上海更有能力吸引更多的外地人，特别是名牌高校的年轻人。因为北京著名高校比上海更多，上海辐射的只是江浙沪长三角一带，而北京辐射的不仅仅是华北和东北，还有全国。

北京那么多高校，最终会把全国最聪明的孩子都集中起来留在北京。他们未来都是高收入人群。这些高收入人群会在北京就业，会在北京生活，会在北京生儿育女。他们都需要在北京购入房子。虽然此刻他们还很穷，还没有钱，但是在未来他们会变得有钱。这个时候就是买入北京房子的最好时机。另外一个原因就是，北京有那么多央企，有那么多驻京、国际办事处机构。这些单位和人最终能够形成的经济影响力，会超过上海。

但是在当地的人们却不这么想。2004 年，我出差去北京的时候和当地人聊起来。我的一个北京亲戚跟我说北京的房价太高了，当时北京国贸附近的房子是 6000 元一平米。她说这么高的房价，谁能买得起？根本无法支撑。

我说这个房价在未来看来会显得便宜得微不足道。当然在北京买房，我太太是坚决反对。她觉得我们扩张得太快了，刚刚买好两个房子，应该好好消化一下。但是我觉得这是千载难逢的好机会，错过了就没有了。

北京那个时候房子还不是特别的抢手，售楼处的销售员服务热情极了。因为卖房子有销售提成，售楼小姐都恨不得你马上买个十套八套的。我当时看的是北京国贸附近的富力城和北京北边的温哥华森林两个项目。温哥华森林是个远郊的别墅，我担心出租不出去，所以基本上倾向定下来是买国贸附近的富力城。

正要买的时候，我太太在北京的另外一个亲戚说他们行业协会有四套房子要卖掉。如果我们感兴趣的话可以买，而且是内部价格。于是我又没有买富力城。可是几个月过去了，等我们再问的时候，那个亲戚说，协会的四套房子被一个人一下子都买走了。协会嫌一家一家地卖太麻烦，就都卖给那个人了。

北京的房子我前前后后看了很多次，很多次都定下来要买了，但是因为种种原因，最后就是没有买上。这些原因我现在回想起来甚至都不完全记得了。其实我完全没有必要用出差的间隙去买房子。而是应该专程的请一个星期的假，老老实实的飞到北京，把买房子的事情办好。

可我当时虽然明白这个道理，但是就是做不到。别忘了，我这本书里写的所有的事情都是我工作 8 小时以外的业余活动。我的主要精力还是在工作上的。另外还有一个原因，就是我周围所有的人似乎都是在有意无意地阻止以及劝说我不要在北京买房子，我需要额外的精力劝说他们。我印象中，北京的一个亲戚对国贸富力城的房子嗤之以鼻，说那是南城。过了长安街以南的南城的房子在当时的北京是被歧视的地域，虽然我不是特别明白和同意这种地域鄙视的道理。当时的一句话就是城市北面上风上水。还有一次是亲戚说他的房子要卖，可以转卖给我，当然这个最后也落空了。

我想人生可能就是有命运吧。虽然我自己觉得自己的执行力还是不错的。但是北京的房子我从 2004 年一直买到 2009 年，整整五年时间过去了。就是在各种犹豫、徘徊、失信之间，把所有的机会都错过了。在中国买房子离不开中国亲友的一些帮助，因为你不可能在出差的间隙把买房的所有手续办完。直到后来北京出了限购的政府法令。这个事情我也就再也不想了。

12 换学区房

2005 年的时候，当和我同时期到湾区的小伙伴对于买房这件事还迷惑不知道该怎么办的时候。我按照自己原来的计划。决定把住了 2 年多的房子卖掉了，这样从前面的住房 C 换到住房 A。房 A 是湾区好学区比较新的房子，也是我最终想住的房子。

当时回想起来，我自己也不知道自己当初是怎样犹如神助一样地，准确地判断了市场。其实房地产市场的趋势判断不是特别难。大部分时候，人们是出于对涉及重大金额的决策感到害怕而不敢有所举动。

我的第一个房子是 2002 年买进的，住了三年时间。我买入的时候，并不知道多久要去把它卖掉。只是知道如果市场上涨，它的涨幅会比好学区房子多一些。但是我知道，这里不是我们长久居住的地方，因为我们需要搬到更好的学区去。

最主要的原因还是作为中国人，我们都非常重视教育，要送孩子进好的公立学校。那时我的孩子已经三岁了，我需要找一个合适的时机搬到好学区去。好学区一方面是教育质量更好，另外一方面，你可以节约生活费用。生活在中等或者偏差的学区，中国人的父母是不会把孩子送到普通公立学校里的。如果送到私立学校里，私立中小学和大学学费几乎是一样的，每年 1-2 万美元，而且这部分费用完全没有办法抵税。所以最经济的办法还是去好学区，让孩子上公立的好学校。

前面我说过，好学区和普通学区的房价，长久来看，涨幅是一样的。只是好学区房价比较稳定，坏学区房价暴涨暴跌。虽然我的孩子才三岁，我还可以再等几年。但是对市场的解读，让我感觉到当时的房地产市场是山雨欲来风满楼。

我的这个房子 2002 年买入价是 43 万美元，2005 年已经涨到了 72 万美元。这倒不是我最为担心的，历史上有过这样的涨幅。当然，我这个涨幅是在短短的三年多里实现的，历史上的确比较少见。虽然我没有办法预测是否会暴跌，但我觉得至少价格不会再出现疯涨。

我感觉市场会出问题来自于一次和一个房产中介的对话。这个中介在我住的那个小区业绩很好。我问他，我们这个小区最近的买家都是什么人？这样的话似乎只能问我们老中的中介。老美中介会对族裔问题很敏感。他说最近是一些从南美来的移民比较多。

我说他们怎么能够负担起首付的？他说你不知道吗？现在都是 110% 的贷款。买房不但是不需要首付，而且还能用多出来的

139

钱。现在的银行不单让你一分钱不付，还给你 10% 的钱，用来付各种交易费(closing cost)和装修的钱。有的人干脆拿着多出来的 10%，甚至给自己买一辆新车。因为反正都是银行的钱，不买白不买。买了房子涨价，过两年把房子卖了，可以赚一笔钱。如果房价下跌，把房子扔给银行就好了。

我和他都觉得这个市场是严重的不正常。他是兼职做中介，虽然当时一个月他多的时候能有 5 笔左右的成交，一个月的佣金可以挣 10 万美元，但是他依旧不敢辞去全职的工作。当时也有很多主流媒体反映这个市场不正常。应该说大家都能感觉到，房地产危机在一步一步地来临。当时大家不知道什么时候会真正地爆发危机。

从过去的历史数据来看，防备危机，最好的办法就是把房子换成好学区的房子。在下跌的时候房价会比较坚挺。当时在好学区花 100 万美元左右的房子可以买到比较新的，大一点面积的房子。前面说的"小黑屋"的价格在这 10 年里，大概从七八十万涨到了八九十万美元。100 万美元朝上可以买一个相对新的房子。

如果全凭自己辛辛苦苦攒工资，买 100 万美元的房子，我需要 5-10 年的时间攒够首付。而现在我把增值的房子卖了，我手上立刻有 30 万的现金，作为下一个房子的首付绰绰有余。而且我的首付超过 30%，我就可以拿到一个比较好的利率。

我把自己的置换购房的目标锁定在 100 万美元。最主要的原因就是 100 万美元是当时很多人心里难以跨越的价格障碍。房地产的价格不是连续的。很多应该价格是在 110 万和 120 万的房子，被硬生生地压到了 100 万美元，而很多本来应该是七八十万的房子，被抬高到了八九十万。所以买 100 万美元出头一点的房子是最合算的。

我写这本书的今天这样的现象依然存在。你可以看到 200 万美元的房子是人们新的心理价位。200 万到 230 万左右的房子价格会被深深地压到 200 万。而 150 万朝上的房子，容易被虚高抬价到 180-190 万。所以买房子最物有所值的方案就是选择大家最不舒服的价格区间下手。

100 万价位的房子，最好的 deal 是那些开价在 110-120 万的，卖了很久没有卖出去的。甚至是有买家买，然后交易过程中又反悔的房子。卖家经过这样反复折腾几次，心态会崩溃。这个时候可以找一个相对好的合算买卖(deal)。

那个时候我们又开始了重新找房的生涯。和上次不同的是，这次我们不再需要中介，每个周末开车，在好学区里转悠找房。我觉得买家中介是一个可有可无的，或者是对你不利的服务。因为你雇佣买家中介，卖家就要付 3%左右的钱给买家的中介。如果你不雇佣买家中介而请卖家中介做你的双面代理中介(dual agent)的话，那至少你可以把这 3%的钱中的一部分返还给自己。或者在出价竞争的时候让自己更有优势。毕竟在决定卖给谁的时候，卖家算的是自己到手多少钱，而卖家中介也是。

当然这只是我个人的见解，很多人不放心各种风险那还是聘用买家中介吧。对于中介而言，他们最关心的是房屋能否成交，他们能否顺利拿到中介费。买家的利益或者是卖家的利益，并不是通过买家的代理和卖家的代理捍卫的。所有的中介只会按照流程走一遍程序，保证自己不会惹上官司。利益的真正捍卫者永远是你自己，因为没有人会比你更关心你自己的钱。

那个时候市场依旧抢手。我看中了一个房子，一切都符合我的要求。对方开价正正好好是 100 万美元。这个价格吓走了很多人。但是我坚定地把它买下。做买房的决定，我当时只用了 20 分钟的时间。

我太太当时吓了一跳，因为 100 万美元是一笔自己这辈子从来没有花过的大钱。她对我在 20 分钟里就做这样的决定感到很惊讶。其实那是因为我做好了功课，我知道我要什么样的房子，我要什么样的价位，一旦找到这样的房子，我就坚定不移地决定把它买下。

回首往事，我们一生中会经历一次一次的，最大一笔开支的突破。如果你常年没有新的突破，或者说明你可能老了，或者你在走下坡路。每次这样的心理体验，在我的脑海里都会有深刻的记忆。例如，第一次花 1000 块人民币买股票，第一次 4000 美元买车。随着时代的变化，那些钱都不再是什么大钱，但是在当时对我来说，每次都是新的花钱纪录突破。

每次有新的总价突破，都可以让我有心电刺激的感觉。这样的感觉和滑雪的时候，你站在陡坡面前，心脏紧张快速跳动的感觉很类似。一次次价格的突破，相当于你从绿道上升为蓝道，然后再上升到黑道和双宝石道。有人喜欢这样挑战自己的感觉，喜欢的人就会像吸毒一样上瘾。在商业界这样的人经常见到，一些老板对于钱的喜爱并不是钱本身，而是这种心跳的感觉。最后他们嫌经营公司豪赌不过瘾就干脆直接去赌场赌博。

人很多时候都不是理性的动物。大部分时候，大家都是在遵循内心的感觉做决定。我可能是理工科出身的，我从来不相信自己的感觉和直觉。我更相信实际的数据和现实。可是我也能够体会到那种心跳加速的快感。只是我总是用数据和理性告诉自己，只有在概率对我有优势的时候，才果断下注。

当然并不是每个理工科背景的人都是这样。在我周围受过高等教育、了解概率论的人，也有泡在拉斯维加斯的。精通量子物理，可是不耽误物理系博士们集资去买彩票。六合彩的概率明明不在自己这边，但是大家喜欢跑着去送钱。这和很多人迷恋短线股票交易一样，明明知道概率不在自己这里，不耽误那么多业余 day trader 在股市上拼杀，做着发财的美梦。

有人是知易行难，有人是知难行易。如果两者都难，可能需要好好检讨一下自己。对我来说，最大的问题还是知易行难。往往我知道道理，但是难以做到尽善尽美。很多时候，机会在你身边不停地转悠，但是你就是无法把握住。

我再用我刚才说的我错过的北京房子做例子。2003 年买了头两个房子之后的几年里我一直在保持存钱，两年后为了买北京的房子我又准备了 5 万美元。这在 2005 年当时可以支持我买下一套 100 万人民币 130 平米左右的三室一厅的房子。可是每次去北京由于行色匆匆，我总是没有办法把这件事情落实下来。到了 2006 年，我去买美国这个 100 万美元的第二个房子。手上存的那 5 万美元，就稀里糊涂地成了这个房子首付的一部分。其实当时我卖了美国的第一个房子，手上有 30 万美元，完全不需要这额外的 5 万美元。

这笔钱为什么会成为第二个自住房首付的一部分，而没有用来投资，是个我至今也不是想得特别明白的问题。可能是内心的恐惧，觉得自己从来没有贷过 70 万美元的贷款，新的 5 万美元进去可以帮我降低贷款额。

可是这 5 万美元放到中国，我当时可以在北京买到一个公寓。今天这样的公寓会值 150 万美元左右。这里并不是事后诸葛亮。因为当时我非常肯定地知道北京的房价会飞涨。哪怕涨一倍，按照 3 倍的杠杆，也有 6 倍的回报。这 5 万美元的错误放置，我当时内心深处是非常清楚地知道我为此错过了一大笔财富。但是人就是这样的，总是在寻找内心的安全感，感性会悄悄地战胜理性，我自己也不能例外。我就这样稀里糊涂地，想也没有想地，把这 5 万美元浪费掉了，也与这后来的 150 万美元失之交臂。

2005 年，就在我搬入这个好学区新房的时候，我的一个邻居中国老太太在卖出她的房子。她的孩子大了走了，她想回北京居住。她把美国的房子卖了，在北京天坛附近一口气买下两套复式的公寓。每套都在 200 平米左右。我当时确切地知道她做了正确的选择。知道她会大赚一笔。也许她自己还是稀里糊涂地，只是简单地为自己的退休住房做准备。这两套住宅现在总价大约是3000~4000万人民币（合430~570万美元）左右。

也许这就是人的命运，就是你明明知道可以大赚一笔的事情，但你就是无论如何做不到。甚至明明白白地看着别人在你边上赚钱，是那样的简单，但是你就是无法做到同样的事情。

13 第一个100万美元

我搬进了新房子，但是我们的生活开支开始直线上升。我再也不能只用一个人的工资，就把所有的生活费和贷款都扛掉了。我的存款速度也下降了，似乎我中了那个罗伯特·清崎先生说的中产阶级陷阱。意思就是大部分中产阶级随着收入增加，换到更大的房子里，不断扩大自己的生活负担，导致自己永远在收支平衡线上，然后因为无法做到财务自由，永远看老板脸色过日子。

那个时候我已经有了第二个孩子。我需要付新房子的贷款，每个月的贷款是3000美元，加上房产税是1000美元。所以每个月花在房子上的固定费用就是4000美元。另外一方面因为有两个孩子不得不请一个住家的保姆。住家的保姆每个月是2500美元。再加上其他生活的各种费用2000美元。最后每个月生活的总开支，增长到了8000美元左右。

我们和很多中产阶级家庭一样，落入了收入的陷阱。就是你挣的越多，花的也越多。而花得更多的一个重要原因就是你要住更大的房子。因为住更大的房子就会引起一系列的更多的开支。好在另外一方面，我们工资也有所增长。从2001到2005，我的工资每年都增长7%左右。所以2005年的时候，我们的家庭收入也渐渐到了18万美元。

　　我依旧奉行之前的策略就是基本除了配比(match)以上的 401K 都不买。这样的情况下，我一年差不多可以省 3 万美元左右。这 3 万美元几乎是我所有的每年可以动用的投资资本。

　　另外一方面，我的固有资产却增长得很快。上海的房子，房价一涨再涨，到了 2006 年的时候，已经涨到了 300 万人民币。我顶住了所有的诱惑依旧没有卖这个房子。美国第二个房子，过了一年我做再贷款(refinance)的时候，银行来评估，当时的估价已经在 120 万美元，而我的贷款只有 60 万。2006 年中的时候，我粗略算了一下，各种财富，加上退休基金股票和公司的一些 ESPP 的股票。我的净资产差不多有 100 万美元。

　　我从一个一文不名的穷小子，到美国之后，用了 9 年时间实现了从 0-100 万美元的增长。当时我只工作了 6 年，我和我太太只有 35 岁。在当时美国 30-35 岁年龄段的人群中，只有 10%的人净资产超过 20 万美元，1%的人超过 100 万美元。我没有收获什么意外横财，公司也没上市，我也没有创业当大老板，只是凭着普通到不能再普通的工资收入就做到了这点。

　　这个时候是我静下来需要想一想的时候。我需要整理一下自己的思绪。投资的关键点到底是什么？之前我有什么经验教训可以吸取？而下一个目标我应该定在多少是更合理的呢？

　　这个时候，我在文学城投资理财论坛上写了一系列的博客。一方面是讨论，另外一方面是反省自己。我把我投资理念总结为"会走路的钱"。把具体的操作方法总结为"懒人投资法"和"勤快人投资法"。下面几章我来一一展开讨论。

第六章 会走路的钱

01 **会走路的钱**

我用打仗一样飞快的速度拥有了第一个 100 万美元。这个时候我需要喘一口气。应该说，我全部投资理财理念最核心的部分就是"会走路的钱"的理论。所以我想用一个章节专门说一下这个观点。应该说这个投资概念不是一天形成的。最早的思路来源于我 2007 年一开始写在文学城上的一篇投资理财的博客。

会走路的钱 (2007 年 6 月 6 日)

by Bayfamily

人和动物会走路，钱也一样。这世界是运动的，什么东西都喜欢满地瞎溜达。你可能会觉得奇怪，钱没有腿怎么会走路？即使各国钞票上有人像，那也只限于头像，还没见过谁把总统的大腿印到钱上的。要是女总统的大腿，我倒是不反对，比看一大堆莫名其妙的花纹过瘾多了。

可钱真的会走路，有的时候是慢慢蹭，有的时候是健步如飞。即便你把它压在箱子底下，埋在地里，藏在被窝里。事实上，不但钱会走路，所有的财富都会走路。黄金也好，白金也好，房子也好，土地也好，股票也好。我们生活在大千世界里，人来去匆匆，财富也是来来去去。有时看得见，有时看不见，要想投资理财，就得有二郎神的眼睛，专找那些别人看不见，正在走路的钱。

先讲个钱走路的故事。

我现在工作的单位里有个亚裔老美同事，六十岁了，再有几个月就退休了，等着领退休金。他年轻的时候，六十年代，在韩国服过兵役。据他说，当时"Everything is dirty cheap"。他当大兵一个月的津贴，顶上当地韩国人十几年的收入。他当时，泡吧、吃饭、购物，从来不用看价钱。一切都那么便宜，每天都有韩国美女对他眉来眼去地，火烧火燎地。一年的津贴够他在汉城买一套带花园的小楼，日子好不快活。其他倒没什么，这火烧火燎的美眉，可是听得我口水直流。

几年前，时隔三十多年后，他再次回到韩国，发现一切变得惊人的昂贵。尽管他现在的收入，已经和当年当大兵时不可同日而语。在韩国，他现在吃碗牛肉面都心疼。服装、高档奢侈品更是贵得怕人。汉城市中心的公寓，都以数亿韩元计价。现在轮到他用几十年的收入也买不起一套公寓了。

要是光从汇率来看，韩元几十年并没有大规模升值。韩国的 GDP 每年也就比美国高 6%的样子。别小看这几个百分点，加上通货膨胀的影响，不知不觉，本来你可以拥有的财富就不知不觉地溜走了。

钱为什么会走？一方面是通货膨胀的影响。更重要的是，财富是相对的。有钱或没钱是相对于其他人而言的。绝对的购买力，没有意义。别人的钱多了，你的钱就相对少了，即使你的绝对数量没有变化。财富就是在这样的此消彼长的过程中走来走去的。

我经常看到有人计算退休时要多少钱才能够。计算往往把食品、服装、旅游、医保一项一项列出来，甚至连几桶牛奶，电话费都列出来。其实不用算，你要有一个舒适的退休，必须保证你的被动收入(passive income) 在当地的平均收入以上就可以了。因为谁也不知道将来有哪些开支。几十年前，没人想到今天人人要有 PC。

对于美国的华人而言，无形中钱在往哪里走呢？

傻子都能知道，钱在从美国往中国走。看得见的走是人民币升值，目前累计有 8%。看不见的走是国内的收入增长和两国通货膨胀的差异。我现在就给你算算每年有多少钱从你的口袋里悄悄地溜走。不算不知道，一算吓一跳。

中国的实际 GDP 成长是 10%，美国实际 GDP 是 3%。美国的人口增长比中国高将近 1%。所以，人均实际收入中国每年比美国多涨 8%。

实际 GDP 是扣除通货膨胀以后的 GDP。中美两国实际通货膨胀的差值是 5%，当然官方公布的差值没这么大，不过我不相信那些数字。所以，人均名义收入中国每年比美国多涨 5%+8%=13%。

人民币升值未来每年大约有 2%。加上 13%，每年中国人民的收入比美国多涨 15%，或者说你的工资的相对财富在以 15%的速度悄悄溜走。

15%的复利效果是惊人的。我只能用大步流星来形容，钱奔跑的速度只比刘翔稍微慢一点，比工资涨幅可大多了。中国在走当年韩国同样的道路。

这两天重读 10 年前看的《白雪红尘》，一个 20 世纪 80 年代加拿大华人留学生的故事。今天看当时的故事都觉得有点不可思议，主人公顶着暴风雪，一个小时 2 加元的工作也干。在 20 世纪 80 年代初，由于加拿大和中国之间巨大的收入差距，人们不顾一切地要留在北美。现在的加拿大已经没有那么有吸引力了，美籍华人在国人心目中的形象也日渐衰落，变成穷人、农民的形象。这在十年前也是不可思议的。这种趋势还会再持续很多年，只要中国没有爆发大的政治危机。这种趋势最近还会加速，因为中国已经开始出现劳动力短缺。

面对正在走路的钱，大多数人是采取沉默的态度，仿佛它们不存在。就像我的同事一样，尽管他现在悻悻然地说，如果当时娶个韩国大美女，在汉城买个花园就好了。

当然，面对每年 15%的财富变迁，我们也可以采取积极的态度和对策。我反正每天都有火烧火燎地割肉感觉，你呢？

当时的回复不错，在我早期的博客文章中，这篇文章是诸位网友正面回复比较集中的。于是我写了第二篇进一步阐述会走路的钱背后的逻辑和道理。

会走路的钱 (二) (2007 年 6 月 8 日)

by Bayfamily

以前看过黄仁宇的自传，别的不记得了，有一段抗日战争刚结束时候的故事非常有趣。当时的黄仁宇，作为国民政府的一个中级军官，当了回接收大员，从重庆先期飞到上海。

隆重热烈的欢迎就不必提了。由于当时在上海地区，日本人的伪币停止流通，而国民政府的法币还没有在日统区大量发行，他一下子发现自己非常有钱。当时上海地区法币的实际购买力，是重庆地区的几十倍。

他计算了一下，发现自己一个月的工资可以去高档餐馆吃几千顿饭，理上万次头发。可他当时没有敏锐的商业头脑，竟然天真地认为，自己变富裕了是抗战结束的结果，以后会永远这样有这样的好日子。他还不舍得把法币工资全花掉，打算把大部分存下来。后来的结果当然大家都知道，那些法币很快连废纸都不如。

和他同行的人中，有几个是有眼力价，"Street Smart"的。用法币换金条，再到重庆卖金条买法币，来回一趟就可以赚一百倍，大发了一笔。黄仁宇先生，回忆录中自叹，错过了人生中最容易发财的好机会。不但是他，当时和他在一起的还有个美国的经济学家，书呆子十足，也没想着把法币换成美元。可见发财的嗅觉是与生俱来的，读再多的书也没用。

看看别人的故事是感觉傻得可笑。可今天的美国华人中，还是有很多人天真地认为，自己在美国，同样是写软件，工资就会永远比在中国高，好日子可以永远继续下去。

再来讲一个我亲身经历的钱会走路的例子。

就在十几年前，九十年代中期的时候，我在新加坡。当时公司里一个新加坡技工，一个月工资大概折合一万多一点人民币。一次，公司里新来了个从武汉来的工程师，告诉这位技工同志，他在中国的工资只有400元。技工听完，洋洋得意，说："要是我去中国，岂不是可以像国王一样生活(live like a king)"。这位自持为国王的技工，还勇敢地追求一位西交大毕业的研究生。不过，国王的好日子，这位技工反正是从来没享受到，因为他一直没去中国，不像一些香港的卡车司机，至少还到中国潇洒了好一阵子。经历过亚洲金融危机、新元贬值、和中国工薪迅速上扬，几个来回下来，这位技工当 King 的梦想就永远停留在记忆里了。

当时很多在新加坡的中国人意识到中国的收入涨得很快，有的人抓住机会回中国谋了个好差事。当然也有的人，放弃了中国护照，今天还陷在新加坡，过着怨天尤人的生活。

上一篇文章我算了一下财富转移到中国的速度。大家还关心，到底人民币会升值到哪一天。

其实无论人民币升值还是不升值，财富从我们身边溜走的速度是一样的。因为不升值或者升值太慢，就意味着国内更高的通货膨胀。中国人民银行必须发行等量的人民币来应对滚滚流入的美元。背后支撑这一变革的是两地不同的物价，升值与否不会改变财富转移的速度。日本是经历了升值，一直升到日本的生活费用和物价比美国还高。韩国没有升值，但通过内部的通货膨胀，一路物价飞涨，直到劳动力、物价和发达国家相当。

我这里也试着算算，到底人民币对美元会变成多少。

根据平价购买力 Purchasing Power Parity (PPP)，按 2006 年的物价水平，人民币对美元汇率为 4.2：1。根据汉堡包指数 (Burge Index)，也就是全世界麦当劳的巨无霸（BigMac）的价格应该相当，人民币对美元为 3.6：1。Burge Index 真的很准，2000 年的时候，它成功预测了欧元被低估。现在这个指数又显示美元被低估了.

人民币有两种方式最终达到这个汇率水平。一种是明面上的名义汇率的升值，现在牌价每天都在变。但是政府的步子很小，即便最近把升值提速了，一年的变化也就是 2%~3%，今年年底也不会跌过 7:1。一种是暗地里的变化，往往为人们所忽视。

今年人民币的实际发行量比去年同期增长了 22%！人民币通过内部剧烈的通货膨胀，在以更快的速度达到汇率平衡。你可能问，多发了 22%，为什么没见中国有恶性通货膨胀 (hyperinflation)?中国政府通过发行公债的方式—Sterilzie Liquity，来吸收市面上的人民币。M2 after sterilization 只增长了 17.4%。减去 10.5% 的 GDP growth，实际的 CPI 通货膨胀应该在 7% 的样子。这比政府公布的 4% 的 CPI 要高一些，但和 10% 的副食品涨幅传递的信号差不多。

人民币汇率从 8.0 到现在的 7.64，用了一年的时间。根据这个升值速度，三年后的名义汇率是 6.2：1 的样子。但人民币的通货膨胀也会把汉堡包指数（Burge Index）推到 5：1 的样子。发展中国家的物价水平应该比发达国家低一些，特别是中国没有自己的产品品牌，必须靠价格取胜，和东南亚、台湾相似，和日本、韩国不能比，除非哪天有自己的牌子了。所以我估计未来的名义汇率应该在 6：1 左右。

但大家不要只盯着名义汇率的变化。以为升值速度和幅度很小就可以高枕无忧了，或者以为 6：1，自己还是很有钱。史无前例的财富正在朝中国滚滚而去。中美工程师的工资差额目前是 5 倍左右。按照我前文计算的每年实际的 15%的变化速度，10 年左右，两地的工资就会拉到两倍以内。别忘了，20 年前,两地可是差近一百倍.

这对美国白人，没有关系。但是对一直有优越感的美籍华人，要想想如何调整心态，或如何应对这一变化。想要未来退休回中国 Living Like a King 的人，最好现在就去赶紧享受你的 king's life，不然，梦想就永远只能是梦想了。

"会走路的钱"这个想法是从时间中渐渐摸索出来的。回想我自己 20 多年的投资理财经历，每过一个阶段，我会反思一下自己之前走过的投资道路，也会思考一下未来应该怎样实现下一步的目标。

在我的记忆中，有几个比较大的思考节点。一个是当我拥有 100 万美元资产的时候。我仅仅工作了 6 年，为什么就能够拥有 100 万美元？这和教科书上以及各种报刊杂志上的投资理财计划都不一致。按照报刊杂志一味宣传的 401K 的分期定投方法，只有在你很久以后—直到你退休的时候才能成为百万富翁。

另外一个思考的节点是在我基本快完成十年理财计划的时候。我给自己定了一个新的看似难以实现的计划，就是再加一个零。当初制定这个十年一千万计划的时候，我甚至完全不知道如何去实现。但是后来实现的时候，我又陷入了很长时间的思考。

经过这两轮思考，我渐渐感悟出了"会走路的钱"这样的一个投资理念。

什么叫作"会走路的钱"呢？用一句能说清楚的话简单概括就是：各种投资品的价格，并不与它们的生产成本和使用价值相关，其价格也并不固定。决定一件投资品的价格未来会不会上涨，取决于拥有这些投资品的人，未来会不会比现在更显著的有钱。特别是那些未来必须拥有这个投资品的人，也就是刚需人群，会不会比现在有钱。

我可以举几个简单的例子，说明"会走路的钱"的原理。

比如说中国的古董现在变得非常的值钱。在全世界的古董拍卖会上，各种唐宋明清的文物，只要是民国以前的艺术品，价格都非常高。圆明园曾经用过的喷水龙头，其实并没有什么艺术价值，年代也不是很久远，价格也被炒到上亿的天文数字。

这些东西在刚刚改革开放的时候，可以说不是那么值钱。一个外国人哪怕是中产阶级，到中国都有能力收购这些东西。这些东西现在变得非常值钱，是因为中国整体变富裕了，中国人有钱了。

能够看到这一点的人就可以发财。比如刚改革开放的时候，曾经有一个法国人到中国来收购各种现代绘画，比如我喜欢的岳敏军的绘画就是其中之一。当时这些绘画在中国并不值钱，也不算文物。但是这些绘画对于我这个年纪的人，现在看来就是珍宝。因为这些绘画可以触动我童年成长的很多回忆，让我产生各种强烈的共鸣。我们这一代中国人现在变得有钱了，所以这些画也就从几千元一幅涨到了几千万元一幅。画还是那幅画，倘若我们这代人没有变富裕，就不会变得值钱。

如果你觉得艺术品市场你无法理解，那我们看一看大家熟悉的股票市场。股票市场会走路的钱的例子就是日本过去 50 年股市价格的变化。背后就有"会走路的钱"的道理做支撑。日本70年代股票的价格，曾经有个小幅的上涨，但是又陷入了回落。当时很多人都认为那是泡沫。但是那之后股市一口气在 80 年代长了几十倍。主要的原因就是日本那一代人变得有钱了。之后，日本陷入了老龄化，新生人口变少，一代人的收入陷入停滞。股票和房子在泡沫之后再也没有恢复过来。

或者再举一个现在我在中国看到的例子。上个月我去杭州余杭区的阿里巴巴总部开会。余杭区那一带原来都是农田，属于城乡接合地区，乱七八糟地住着一些到城里做小买卖的农民。2015年的时候，那里的房价也不贵。当杭州市中心的房价已经突破 5 万人民币一平米的时候，那里的房价只有七八千人民币一平米。

但是阿里巴巴的总部迁到了余杭区。他们在那里修建了一个巨大无比的产业园区，要雇佣数万人在那里工作。这些雇员都是从全国各地来的顶尖聪明的年轻人，他们的年龄差异都不大。最年长的和最年轻的也不过差五六岁，绝大部分都是应届毕业生。

比起其他行业。阿里巴巴的员工的收入很高。这些人将来都需要结婚生子购房，他们的孩子都要上幼儿园、上小学、上中学。他们的到来一下子把这里的房价推高到 4 万到 5 万人民币一平方米。

如果你关心余杭的房价，你就会注意到当阿里巴巴要迁过来的消息传开的时候，房价有了一定幅度的上涨，但是上涨的并不多，大概涨了 50%左右。真正让房价涨起来的是这些人陆陆续续搬入园区之后。

房地产的价格和股票的价格不一样，房地产的价格变化的市场效率没有那么高。股票价格在消息出来之后，往往是在几秒钟之内价格可以涨到位。除非你有特别快的电脑能够捕捉到这个差价，大部分人只能望洋兴叹。

房地产价格则不一样，因为买房需要筹措资金，需要时间。固然也有人看到了房价的趋势，进行投机活动，把房价提高了

50%。但是真正的推手还是需要真金白银出钱者的最终到来。所以说利用这个时间差就可以挣钱。

这样的例子不限于余杭，在中国的各地都在发生着，比如上海的张江高科技园。如果你观察上海各个城区房价的涨幅，你会发现房价上涨最多的地区，如果按照百分比计算，并不是市中心那些传统的比较好的区域。市中心的区域当然价格相对平稳，涨跌幅度都会比较小。过去十几年涨幅最多的是张江高科技园周围的房价。

因为张江高科技园成立之后，来了很多年轻人。这些年轻人来的时候很聪明，智商很高，都是全中国和上海的顶尖的大学毕业生。他们刚来的时候还没有钱，需要一段时间工作积累之后。当他们有了不得不解决的住房刚需，要结婚要生孩子的时候，才会把房价真正的实实在在地推高上去。

北京也是一样，北京房价涨幅最高的，不是传统的东城区和西城区。而是在五环以外的五道口，上地这个地区。这个地区对于传统的北京人而言，是一个鸟不拉屎的地方。但是这里集中了中国最主要的高科技产业园，大量的中关村高科技公司都在这里。

这里的雇员来自北京一系列最好的大学。同样的道理，因为这些雇员来自中国各地，大部分都是普通家庭出身，他们需要在工作相当一段时间之后才有能力买房。也只有在有能力买房之后，才会切切实实地推高这里的房价。

所以你要做的就是跟着年轻人走就好了。你可以观察这一代最聪明的，未来收入增长最快的年轻人他们去哪里，他们在做什么，他们以后有什么样的刚需，然后你就去他们未来要去的那些地方，把资产先买好。等到这些年轻人来的时候，这些资产价格就会上涨。

美国的房地产也是一样的道理，比如湾区的房地产就是这样。湾区集中了全世界最顶尖的聪明人，这些聪明人也许来自欧洲，也许来自美国的其他地方，也许来自中国和印度。但是在他们来的时候，往往他们手上还没有钱。即使有钱他们也不太敢花，因为他们全部的注意力都在创业上。也许他们非常聪明，是斯坦福大学的高材生；也许他们来自哈佛和麻省理工。可是要等他们事业有成之后，他们才有能力去买房子。所以你比他们领先一步就可以了。想当年深圳城中村的农民是怎么发财的，也是一样的道理。

会走路的钱的一个中心原则就是不要和有钱的人去拼体力。这是在房地产投资上人们经常会犯的错误。

拿上海做例子，上海分浦东和浦西，浦西是传统上海旧城区，浦东则是新的城区。老的浦西人总的来说对浦东存在一种傲慢，一句传统的老话就是：宁要浦西一张床，不要浦东一套房。

然而这些传统的傲慢给传统的上海市民只会带来伤害。我上海的亲朋好友中，大部分人只是在自己熟悉的舒适圈里购买房屋。比如他们生活在静安区，就会觉得静安区非常好，就在静安区购买房屋。比如他们生活在徐家汇，就会觉得徐家汇有一些悠久的殖民地传统，一定要在法租界里购买房屋。而在他们眼里，浦东都是乡下，那里人说的上海话都不够标准。只有在旧租界里的房子才是高档房子。

可是如果你回顾一下上海的房价历史，你就会发现浦东的增长幅度大约比浦西房价高一倍。主要因为浦东大多数是新移民，是新区。在浦东你连上海话都很少听见，浦东集中了一批新兴的产业，比如陆家嘴的金融业就比上海老城区的影响力要大。浦东新区在发展过程中建造了大量的住房，而浦西是在老城区里改造，总体的建设面积不如浦东大。20 年前，浦东的房价要远远低于浦西，但是随着新兴产业的发展，年轻人越来越多，现在浦东的房价几乎跟浦西一样。

这样的例子太多太多，我都举不完。和浦东浦西类似的例子是韩国的首尔江南区。如果你利用这样的游戏规则，你永远可以挣钱下去。我再说一个今天正在发生的故事。比如在上海，你去问现在生活在上海的人，保证95%以上的人都不知道金泽是个什么地方。就像2010年我写博客建议大家去临港投资，就几乎没人知道临港在哪里。金泽今天正在发生翻天覆地的变化，因为华为即将到金泽开办产业园。金泽未来将有几万的高薪人才入住。

这就是如何在一个地区和一个城市之内，利用发展的速度的不平衡去管理自己的钱。国家和国家之间，跨越大一点的时空，也能够看到这样的变化。

我在"会走路的钱"那篇博客里举的例子就是国家之间的例子。我那个华人同事韩战期间既没有用一个月的津贴去买一套住房，也没有正儿八经去追求一个韩国姑娘。他把那些钱花在酒吧里用来喝啤酒了，想的只是服完兵役赶紧回美国。

当然有的人会去实践，举个例子，北京的望京地区集中了大量的韩国人。他们是在北京房价相对很低的时候，在望京地区购入了大量的房产。因为他们在韩国经历过房地产价格飙升的痛苦，他们知道同样的事情也将在北京发生，所以他们在望京购置了房产，兴办一些企业和餐馆。这些人利用国际消费水平的差异，狠狠地赚了一笔钱。

上海这样的国际大都市当然也不能落后。台湾人到上海集中在古北地区，古北地区的房价基本上是被台湾人一路推高的。他们在台湾也经历过房价飙升，体会过无法"上车"的痛苦。所以比上海当地人领先一步购置了大量的房产。

这些韩国和台湾的精明投资者，被称作全球套利者(global ar-
bitrager)。今天这样的机会到处都是，因为不断有国家走上富
强，有国家走向衰落。

香港和深圳也不例外。当深圳的月工资只有 1000 元人民币的
时候，香港很多人的工资已经是 1 万元一个月了。所以当时的香
港卡车司机都可以回中国娶个漂亮姑娘。然而大部分香港人既没
有去深圳娶一个漂亮姑娘，也没有去深圳买房子。他们用辛辛苦
苦攒来的钱和香港的旧钱(old money)拼体力，买了 30 平米的小公
寓，把钱都交给了李嘉诚。

你在纽约的曼哈顿也能看到这样的景象。华尔街金融公司的
雇员们收入很高。可是他们无非也就是用按揭贷款，在曼哈顿附
近买一个上千万美元的公寓。其实他们完全没必要这么做，有太
多比曼哈顿公寓更好的投资机会。

按照"会走路的钱"的投资原理，你要做的就是用自己的钱欺
负那些未来会很有钱，但是现在还没有钱的人。

在美国，星巴克的 CEO 出了一本关于房地产投资的书。他发
现一个规律，就是在星巴克周围的房地产价格的升值速度要比其
他地区更快。同样的道理，那些穿着很潮的年轻人聚集的社区的
房价就会比其他地方升值潜力高一些。

这些很潮的年轻人在年轻的时候，大部分钱都用来谈恋爱和
打扮自己了。但是一旦结婚成家进入中年，他们就会把每一分钱
都花在必需的投资品和房地产上，所以你比他们稍微超前个几年
就可以了。

"会走路的钱"的投资方法，总的原则就是，把自己的投资瞄
准未来可能成为富人，现在还是穷人的人。购买这些穷人未来可
能会需要的东西，欺负他们现在还没有钱，不要和那些比你更有
钱的人去拼体力。这些投资品可以是艺术品、可以是房地产、也

可以是其他任何东西。抱着这个"会走路的钱"的原则，我2016年前后开始投资比特币。这个实战经历我将在第十七章展开说明。

我投资比特币的原因很简单，就是我发现购买比特币的人都很穷。当时在比特币的相关社交论坛里，大部分人的梦想就是等比特币涨了之后，可以把他的学生贷款还掉。

拥有和购买比特币的早期投资人，都是一些很聪明，但是很穷的人。他们可能拥有渊博的数学、物理、计算机知识，很多是名校的博士，他们可能未来会变得很有钱，但是当时都是二三十岁刚出头，在社会上没有稳定的经济基础的人。将来他们变得有钱了，比特币价格也就会被推上去。他们没有钱的一个证明就是"比萨饼事件"。2010年，一个叫作 Laszlo Hanyecz 用一万枚比特币购买了一个披萨饼。这一万枚比特币现在大约值 7000 万美元。早期玩比特币的人都是穷小子，不然也不会去吃 pizza。

当我观察到这一个现象的时候，我毫不犹豫地开始买入比特币。这些人未来会变得很有钱，而在当时还没有见到什么是大钱。关于比特币的研究也表明，早期拥有大量比特币的人，甚至比特币的核心开发团队的人，并不拥有很多比特币，因为都被他们换比萨饼吃了。当然我投资比特币还有其他的一些考量，这些内容我会在关于比特币的章节里进一步详细论述。

02 通货膨胀

提到投资不可避免的就是要弄明白通货膨胀。财富是在到处走动的，财富永远在不断地此消彼长的变化过程中。哪怕你什么都不做，把钱存在箱子里头，放在银行的保险库里，放在你睡的床垫里，钱也会在不停地走路。你要做的就是为这些钱选对正确的方向，跟着钱一起走。

而老年人经常犯这样和那样的错误。一种最常见的错误就是存钱而不投资。我认识不止一个老人，他们一生都非常的节俭，一辈子都在存钱。特别是经历过五六十年代艰难生活的老人，他们一直把自己收入的相当大的比例存入银行。可惜他们一辈子也没有存下什么钱，通货膨胀把他们的钱全部都消耗掉了。

关于通货膨胀的计算，很多投资理财的人可能都有一定的误解。要么是觉得美国随时会陷入通货膨胀的灾难，美元变得一分不值，要么是觉得美元永远保值，只要安安稳稳的存美元就好了。2006 年的时候，为此我还专门写过一篇文章。今天看来基本观点依旧成立。

Seigniorage、超级通货膨胀、与杀人犯 (2007 年 4 月 23 日)
by Bayfamily

英语里，政府通过印票子带来收入叫铸币税 "Seigniorage"。这词来自法语词"seigneur"，指的是中世纪时，可以造钱的领主"feudal lord"。现在引申为政府通过增加货币流通量来支付政府支出。可见通过发票子发财不是什么新鲜事，古来有之。

美国到底会不会发生超级通货膨胀呢？大家众说纷纭，极端的人常常拿南美的诸国，德国魏玛时期的通货膨胀来吓人，超级通货膨胀掠夺民生，实在是十恶不赦。不妨用犯罪方式来分析。就好比有人一口咬定 Bayfamily 是杀人犯一样，判定 Bayfamily 是不是杀人犯，要看我有无前科、有无犯罪动机、有无犯罪手段、有无犯罪事实，要是一条都没有的话，再说我是杀人犯，那就是栽赃陷害了。

犯罪前科

美国历史上从来没有过恶性通货膨胀(hyperinflation)，除了南北内战时期的南方以外。那是情有可原，如同 1949 年要崩溃的国民党政府一样。看看发生通货膨胀的国家，有很多都是因为内战、政府岌岌可危。今天的美国离那一步还很远。70 年代的时候，由于石油危机，能源价格猛涨，美国曾经有10%以上的通货膨胀。但那和政府恶意的 Seigniorage 没关系，政府并没有试图通过通货膨胀来解决财政问题。联储局通过加息，很快控制了局面。跟犯罪一样，发生 Hyperinflation 的国家多半是前科累累，典型的例子是南美诸国，前几年陷入经济危机的阿根廷，曾经 13 次暴发 hyperinflation，未来恐怕还会一次次再来。

犯罪动机

首先要明白为什么会发生 Hyperinflation，直观的想法是票子发的太多。Hyperinflation 对经济、民生、政权是个灾难，为什么政府要猛发票子，自毁长城呢？原因是政府无法通过税收和其他正常手段来满足财政支出。爆发 hyperinflation 的国家，不是政府太笨，不明白经济学，而是由于缺乏完善的税收体制和有效的执行部门。中央政府没办法把钱收上来，只能被迫通过发票子应付财政支出。

Seigniorage 在美国财政的比例非常小，2006 的数据是 3％的 federal income 来自 Seigniorage。就算通过发票子增加一倍的话，美国政府实在没必要为了区区 3％的蝇头小利，而冲垮整个国家、乃至全世界的金融体系。美国有完善的税收体系，发票子实属下策。

事实上通过 Hyperinflation 能够给政府带来的财政收入非常小，为什么呢？经济是量化思维，这里我不得不写个公式。

m(货币发行量）*V（货币流通速度）=P（价格）* Y(社会总产出），

这个公式的另一个表达方式是：%m+%V=%P＋%Y，这里是百分比的变化量。%p 就是通货膨胀率。各位都是留美精英，明白微积分很容易互导两个公式。

Hyperinflation 来临的时候，谁也不会傻到枕着钞票过夜，大家拿到钞票的第一件事就是把花掉。老百姓一知道政府要乱发票子，政府还没来得及发票子，m(货币发行量）还没动呢，v(货币流通速度）就会一下子增长几倍、或几十倍。进入 Hyperinflation 时，v（货币流通速度）更是上千倍的增长，大家拿到钱一个小时内就会全花掉。别忘了，政府的收入是通过货币持有人的现金贬值实现的，持有人手上没有现金或货币流通的很快的话，Hyperinflation 对政府就没有什么意义。这完全是猫捉老鼠的游戏，一个比谁印的快，一个比谁花的快。

Seigniorage 在 hyperinflation 时给政府带来的收入实在有限，Seigniorage 在隐形的低通货膨胀期要更有效，从这点上，美国没有犯罪动机。

犯罪手段

票子的发行是联邦储备银行（Fed）。它是一个相对独立的部门，号称国会、法院、总统以外的第四只脚。Fed 的工作就是发放货币，控制流通。把 Fed 变成独立于国会、政府以外的机构，从根源上避免了 hyperinflation 的可能。南美各国，不是央行想发票子，而是政府、总统顶着他们发。中国也一样，央行听总理的。反观美国，即使美国总统、国会要通过 Seigniorage 来满足赤字，Fed 也不会答应。美国根本没有 Hyperinflation 的犯罪手段。

犯罪事实

要是我 Bayfamily 没有前科，没有动机，没有手段，但是我有杀人的事实，那我还是杀人了。Fed 要是太笨蛋、全没学过经济学、不明白上面的公式，还是会犯罪的。美国有没有 hyperinflation 的事实呢？

回到上面的公式：%M + %V = %P + %Y。过去几年里，货币发行量稳定在 6% 左右，v（货币流通速度）没有什么变化，%Y 是 GDP 的增幅，在 2.5%~3%。通货膨胀和价格变化与大家观察的差不多，在 2.5%~3% 左右。要想实现 Hyperinflation，%m 必须在 15％以上。美国每月的 Money Supply 统统公布，又没有偷偷印钱，根本没有 Hyperinflation 的犯罪事实！

美国怎么看都不会发生 Hyperinflation，就像 Bayfamily 怎么看都不像杀人犯一样。那为什么总有人跳出来吓唬大家呢？我看和练法轮功的一样，唯恐天下不乱。有的人是不明白上面的公式，把通货膨胀和货币发行量混为一谈。大家都喜欢听灾难性新闻，害的我标题都得反着说。

回到标题，美国发生超级通货膨胀，我们该怎么办？答案是马照跑、舞照跳。用不着杞人忧天。

总体上而言，美元过去没有乱发，现在没有乱发，未来也不会轻易乱发。所以不会有超级通货膨胀。但是另外一方面，政府总是在缓慢地让钱变得更加不值钱。这个缓慢的力量一时半会儿你感觉不到，但是十年二十年下来就能知道它的厉害。

举个例子，官方公布的通货膨胀的比率经常是 1%~2%之间。让你觉得好像没有什么大不了的，只要我投资的回报超过 2%，我的钱就可以保值。一个例子就是让大家去买 Treasury Inflation Protected Securities (TIPS)。这是一种美国针对通货膨胀忧虑的国家债券。就是在通货膨胀的基础上，再加上几个百分点的利息作为利率回报。然而其实 TIPS 是一个巨大的陷阱，长期买这类债券会你的钱变得一点都不值钱。因为通货膨胀率只代表了物价水平的变化，并不代表社会相对财富的变化。

今天的中国和美国，虽然意识形态高度对立，但是实际上两个国家彼此越来越像。美国联邦政府越来越庞大，越来越像中央政府。福利越来越多，越来越像社会主义。中国则是越来越吸取资本主义的成分，随着中国发展速度下降，中国未来的通货膨胀和美国过去的、现在的、和未来的通货膨胀情况估计差不多。

通货膨胀对于大部分中国人来说，想到的是国民党时期货币滥发，总觉得那是相对遥远的事情。在政权稳定的时候，不会发生这样的事情。其实政权稳定的时候并不是货币滥发，导致财富缩水，而是快速增长的经济，也会导致你的现金财富缩水。

我对这个事情的直接感受是我在美国博士即将毕业的时候，当时办公室来了一位从南方某个大学来的老教授，我正在和同学聊天，比较我的三个 job offers。那位老教授听到 offer 的薪水之后，愤愤然地说，"自己干了一辈子，工资也就一年 7 万多美元"。他觉得非常不公平，你们年轻人一毕业就可以拿到7万多美元的收入。他说当年他大学毕业的时候能够拿到 1 万美元的收入就是高薪了。

当时他的话让我吃了一惊，我还不知道 70 年代美国的工资收入那么低。我去查了一下，他说得基本正确。可是 30 年通货膨胀引起的贬值没有那么高啊。如果你把过去 30 年的数据拿出来计算一下，按照每年 1%~2%的通货膨胀率，那应该收入只差了 50%~100%左右。为什么会有这么大的差异呢？

这是因为大家对货币和通货膨胀率的理解出现了问题。

假设某个国家的 GDP 是 1 万亿美元。为了更简单的计算，如果金钱流通速度 money speed 是 1 （money speed 的意思就是钱流转的速度），那么就需要 1 万亿美元的货币作为支撑。这个时候如果经济增长了 5%，那么 GDP 就变了 1.05 万亿美元。如果通货膨胀率是 0 的话，政府就要多印出 500 亿美元，也就是货币的总量变成了 1.05 万亿美元。

所以即使通货膨胀率是 0，如果你持有现金财富的话，你的财富也会缩水。你可能会说我的财富没有缩水呀，因为价格没有变，我原来口袋里的 100 元和现在口袋里的 100 元买到的东西是一样的多。

　　然而当我们比较贫富的时候，其实我们比较的是相对值，而不是绝对值。如果比较的是绝对值，现在任何一个中产阶级的实际财富收入比起 3000 年前的国王都要多。然而 3000 年前的国王的富裕感远远比现在的中产阶级要高很多。

　　我们富裕感并不是来自绝对财富的多少，而是相对财富的多少。也就是比起你的左邻右舍，比起你熟悉的人，比起你的亲戚同学，是不是你的财富更多。当然很多人会批评这种比较方式是不对的，就是不要和他人去做攀比。

　　但是事实上我们因财富多少而产生的快乐感，因成功而产生的成就感，都是和他人攀比而形成的。不然福布斯也不会每年公布世界最有钱的人排行榜，因为相对量是比较财富最靠谱的标准。比如说如果你拥有一美元，原来你拥有的是全部钱的一万亿分之一。而现在政府多发了 500 亿美元，你的财富就缩水了。

　　你可能又说，不对啊。大家的现金财富很少，大部分是其他形式的实物财富。现金多少和我没关系，因为现金财富占总财富的比例很低。事实上，实物财富也在源源不断地被生产出来。房子越造越多，公司股票也是越发越多。如果通货膨胀率是零的话，现金财富的增长比例和实物财富的增长比例是一样的。所以即使通货膨胀率是零，只要 GDP 在增长，社会总财富在增多，你的相对财富就在缩水。

　　然而政府掠夺财富的方式通常比这个要再贪心一点。仅仅凭空制造了 500 亿美元还不够，政府还喜欢加一点通货膨胀，美其名曰刺激经济。当然这里有凯恩斯学派和奥地利学派常年的争执，我并不是在这里做经济学的科普，也不想说到底是固定的货币总量，以黄金作为本位的货币模式更好，还是以小规模的通胀作为法币发放的基础更好。那些是留给经济学家们去研究的事情。对于我们小老百姓只能去分析在当下的货币框架下，在现有的运行体制下，应该怎样更好地做到财富增值保值。政府如果想保持 2%的通货膨胀，就需要多发 700 亿美元。相应的，你的财富也就会按照 7%的比例缩水。

在中国大家都知道货币变得越来越不值钱。在改革开放刚刚开始的时候，万元户就是大富翁了。当时拥有一万元人民币的人，被大家看作极其富有的人。然而如果这个大富豪把一万人民币存起来存到今天的话，恐怕也就和普通民众一个月的工资一样多。然而你看中国的通货膨胀率，从改革开放到今天，并没有发生委内瑞拉和非洲诸国的严重通货膨胀。当然有的时候会有几年 8%以上的通货膨胀，但大部分的时候通货膨胀率都在 2%~3%左右。

那到底是通货膨胀吃掉了你的钱，还是经济发展吃掉了你的钱？有人会说政府公布的经济数据有虚假成分。其实宏观经济的数据很难做假，至少很难长年累月地做假。如果经济增长率是 10%，而货币通货膨胀率又是 5%的话，你的收入是按照每年 15%的比例在进行缩水。用这个比例来看，改革开放 30 年中国财富的增长和存钱的人财富缩水基本是相当的。

我认识的一个国内的老人，会计出身，一辈子擅长精打细算过日子。他的存钱习惯和我差不多，在 80 年代末一个月工资只有 100 元的时候，他会存 20 元，到 90 年代工资是 1000~2000 人民币的时候，他会拿出 200 元存钱。每个月他都会沾沾自喜地说，这个存款又收获了多少利息，那个债券又收获了多少利息。90 年代曾经有几年国库券，5 年左右的时间收益就会翻番。

然而他存了一辈子的钱，居然也没有存下什么钱。最后去世的时候只存了 30 万人民币。说点讽刺的话，去世的时候，一个像样的墓地价格已经涨到了 15 万人民币。在经济快速增长的社会环境里只存钱不投资是没有意义的。

不但存钱没有意义，存黄金也是没有意义的。因为在快速增长的经济环境里，人们的收入和人们实际财富的增长超过了任何一种货币的增长。在改革开放之初，在我的记忆中，结婚的时候需要买一个金项链作为聘礼。然而随着整个社会财富增长到了现在，没有人会认为一根金项链是可以拿得出手的体面的聘礼。因为大部分中国人现在工作一个星期就可能买得起一根金项链。

我的家庭可以说对金项链有着特别的经历，所以让我印象深刻。我哥哥 80 年代中期的时候，有一次经别人介绍和女方家庭相亲。女方家要求男方家准备一根金项链。当时一根金项链在 1000 人民币左右，而那时候一个月的收入只有 100-200 元。所以要存一年的钱才能买得起。我哥哥也因为此事和那个相亲的姑娘而不欢而散了。

金项链的故事告诉我们，仅仅靠抗拒通货膨胀的投资并不是一个好的投资。黄金是一个很好的抗拒通货膨胀的投资品，因为黄金的总量基本稳定，黄金又是持续了几千年上万年的一种国际货币。然而存黄金在快速增长的经济环境里是没有意义的，因为新的财富被太快太多地制造出来。

03 存钱还是消费？

无论是中国还是美国，从全国的指数看经济增长率是没有意义的。因为你不可能平均地生活在全国各地，你肯定生活在某个特定的城市，某个特定的社区里。所以你财富的多少，因之而产生的幸福感是跟你周围的人进行比较。

有的人可能会说中国经济高速增长，美国从来没有过高速增长，所以上面我说的事情和他无关。这个观点也是不可取的。以湾区为例，实际的工资增长率或者是 GDP 的增长率是在 5%~8%之间。所以如果你的财富增长没有比这个速率再加上通货膨胀更高，那么其实你的财富就是在缩水。

另外一方面就是通货膨胀率并不反映劳动生产率的提高。在各个社会生产部门之间劳动生产率的提高是不一样的，比如农业的劳动生产率就没有提高很多，单位农民产出的 GDP 并没有特别快的增长。而在有些行业，比如金融计算机高科技领域，单位人均 GDP 劳动产出增长的要快一些。

所以对一个年轻人而言，到底是花今天的钱还是花明天的钱，最好的判断是比较今天的收入和未来的收入。如果你觉得你的收入增长会超过 10%，而投资回报的比例只有 5%。那你就应该花今天的钱而不必存钱。如果你觉得未来的收入增长率会低于你的投资回报率。那你就应该老老实实的存钱，尽可能多地存钱和投资。

对于投资而言也是，就是你的投资回报率一定要超过你所在人群的收入增长率。这样的投资才是好的投资，否则其实就是贬值的投资，不如直接去消费。

04 如何保值

会走路的钱最重要的第一件事，就是如何防止钱从你家里走掉了。你可能说我没有那么聪明，我也没有那么幸运，我也不认识什么年轻人，我也不知道哪些年轻人未来会成功，哪些人会发迹。所以我没有办法去追逐他们的脚印，没有办法让钱走到我家里来。

那我至少做到我的财富不至于缩水，如何实现保值呢？

前面说过仅仅买抗拒通货膨胀的投资品，是不能够做到保值的。做到保值最好的办法，还是认清形势和宏观环境的变化，然后在这个宏观形势下持有稀缺品。

住房其实不是稀缺品，因为不停地有新的房子被制造出来。土地的总量虽然有限，地球一共就那么大，然而适合盖房子的土地也不是稀缺品，因为不断地有生地被开发成熟地。

几乎没有什么不动脑筋的模式，可以保证你保值。这个世界就是在永远动荡和变化中的，没有什么以不变应万变的策略。股票、黄金、比特币、艺术品、债券没有一样是能够做到不动脑筋100%保值的。钱就是这样，你一个不小心，它就从你家门缝溜走了。

如果有什么教训的话，那可以回到我们前面说的阿里巴巴的例子。因为阿里巴巴，大量的年轻人涌到叫作余杭的杭州新区。这些年轻人推高了这里的房价。阿里巴巴在余杭带动了一系列的服务业，因为几十万的年轻人需要生孩子、买食物、看病、上学，还需要把他们的老人接来和他们一起生活。然而今天蒸蒸日上的同时，是未来衰落的前兆。天下没有哪个企业是可以做到长盛不衰的，互联网行业更是如此。今天的互联网就是 50 年代的汽车工业。

在美国的底特律，如果你50年代在那里购买了房产，你会发现怎么买都能赚钱。因为有源源不断的产业工人涌入，美国生产的汽车卖到全世界各地，全美国的钱都汇聚到底特律来了。

然而在 80 年代之后你还长期持有底特律房产的话，那无论你是多么聪明的人，无论你怎么折腾，你的钱也会变得越来越少。因为产业一蹶不振，人口在流失。

投资的时候有一句话叫作趋势是你最好的朋友，房地产更是如此。房地产的趋势更加稳定，更加持久。一个兴旺的房地产市场会持续二三十年，一个走下坡路的房地市场也会持续走二三十年。中间当然会有一些小幅反向的波动。一个聪明的人就是看清楚大的方向，然后坚决果断地作出投资决策。

比如有一天也许一个新的竞争者要取代阿里巴巴。这一现象会很快地被传递在股票市场上，阿里巴巴的股票可能会大跌到原来的 10%，而新的股票可能会如日中天。

这个时候余杭区的房价会下跌吗？不会的，因为市场反应没有那么快。人们通常是在被裁员和降薪之后，才会做出离开那个城市的决定。这个反应需要一年、至少几个月的时间，有足够多的时间让你逃离这个市场。你只需要比其他人更加勤快一些，哪天阿里巴巴真的不行了，余杭区的衰落恐怕要持续几十年才能完成。

我曾经去过沈阳的铁西区。沈阳的铁西区就跟底特律一样，五六十年代的时候曾经是中国最繁荣的工业基地，就如同现在的余杭区。但是这些区的衰落都不是在一夜之间形成的。如果你是一个聪明人，那就应该在80年代中期改革开放后离开铁西区。

底特律也是一样的。当你看到日本的汽车企业生产更好的车的时候，你就知道底特律的衰落开始了。你有整整 30 年的时间，有充分的机会逃离这个地区。

今天的纽约，没有金融业会离开这里的任何迹象，所以曼哈顿会长期兴旺很久。但是也很难再有一个快速的增长。湾区则不然，因为未来越来越多的钱会汇集到湾区，湾区还在上升期。举一个例子就是湾区以前是不生产汽车的，可是现在连苹果公司都要生产汽车。谷歌、苹果、特斯拉生产的汽车销量在美国占相当比例的时候，湾区会产生更多新的就业岗位。

但是天下没有不散的宴席。纵观人类历史历程中城市的兴亡，虽然每次跨越的时空尺度很大，但没有永久兴盛的城市。对于中国人而言，最熟悉的就是深圳和香港的比较。曾经深圳只是一个小渔村，但是现在深圳的 GDP 已经超过了香港。当然，如果你再往前数 200 年的话，那个时候香港只是一个小渔村，宝安县比香港要大一些。

类似的故事也发生在我熟悉的上海和苏州。现在上海是中国长江三角洲第一大城市，可是你倒数到鸦片战争之前，苏州是这里最大的城市。如果再往前数一数到宋元时代的话，杭州是这里最大的城市。上海的地位并不是永远不变的。如果上海一直这样限制人口，没有跟上 IT 产业的发展，整日沉迷在旧上海殖民地的文化心态的话，最终可能会被不那么限制人口的杭州和苏州超越。别忘了，苏州的城市人口从改革开放前 100 万不到一口气涨到 1200 万，整整涨了 12 倍。而上海同样一个阶段，人口只涨了 2 倍多一点。苏州和杭州的人口目前还比上海小一半，但是如果持续保持宽松的户口政策，很有可能在未来 20 年里超过上海。

明白深圳和香港兴衰的人应该在 20 世纪 80 年代初期就看到这一点。一个城市的兴盛和衰落，完全就是依靠人口。当人们都去某地的时候，某地就会兴旺。当人们都离开某地的时候，某地不久就会衰落。

香港的兴旺开始于 1949 年之后，大量逃离国共内战的中国人，他们带着上海和其他地区的资本来到了香港。在 1949 年短短的一年间，香港的人口几乎增加了一倍。

到了 1979 年，中国进入改革开放之后。很多人会觉得香港会永远兴盛下去，而深圳永远落后。事实上不是这样的，1979 年之后香港的人口不再增加了，而深圳的人口却是在爆炸性的增长。无数年轻人怀揣着梦想到深圳去打拼。聪明的投资人应该在 80 年代在深圳花很小的代价买一些房子，这样 2000 年之后你就坐收渔利了。因为 80 年代去深圳的年轻人，他们只怀揣着梦想，却没有什么钱。

80 年代香港人如果要实现财富保值，其实最好的办法并不是一直待在香港。而是在 80 年代赶紧在深圳破烂不堪的城中村私搭乱建一个私宅。

要实现资产保值，最好的办法就是敢于突破自己，离开自己熟悉的环境，到年轻人聚集的地方去。这些地方在全世界各个地方都有，比如柏林就比巴黎更有希望。再比如印度的海德堡，就比新德里和孟买可能更有前途。

遗憾的是大部分人并不这样想。他们很少从投资的角度去思考自己生活在哪里，特别是到了中年之后，他们会沉浸在自己熟悉的环境里，有熟悉的朋友和亲人的圈子，即使他们心知肚明，知道自己所生活的城市正在一天天的烂掉，他们也不会离开那里。

如果你拥有其他类的资产，比如黄金或者股票，或者是艺术品，你也需要注意自己资产的转移。比如英国人拥有中世纪时期的大量艺术品，随着英国人的经济规模在世界经济体量中的下降，会渐渐变得不是那么值钱。

而一些新兴地区的艺术品就会变得越来越值钱，比如越南和印度的艺术品。如果你胆子大一点，可以去购买北朝鲜一些当代艺术家的绘画或者雕刻，因为北朝鲜现在的状况不可能永远持续下去。如果有一天政权变化了，朝鲜统一了，你就可以获得不菲的投资回报。

当然这样风险有些高，而且有些投机的意味。最好的办法还是等机会真正来临的时候，就是政治上发生一些重大变革之后，你再去投入。其实你只需要比大部队领先一步，而不是十步。有的时候是新闻出来，趋势明显的时候，你再有所动作都可以。

对于艺术品，有一个我们大家熟悉的例子。"文革"期间的邮票在改革开放之后曾经被炒到很高的价格。经历"文革"的人，现在一般在 60 岁到 70 岁左右，他们未来的收入只会下降，不会增长。所以如果你持有"文革"时期的邮票最好现在把它卖出，因为未来的年轻人对那个时代的投资品不会有什么兴趣。

黄金也是一个道理。年轻人没有经历过战争，所以对黄金没有深刻的印象。只有经历过国共内战、越南内战的人才知道，到了国家一切信用体系崩溃的时候，真正的财富其实只有黄金。目前还没有任何迹象表明全球的金融信用体系会发生崩溃，所以投资黄金不是一个好主意。我把黄金归为永不分红的股票，其实完全就是一个击鼓传花的游戏。而且现在手中持有黄金的都是富有的人，你完全没有必要和他们这些老人拼体力，所以拥有黄金不是一个保值的好办法。

在投资理财界，总是有一群黄金迷。为此我专门写了一篇文章说明，为什么黄金不是通常情况下长期持有的好投资。中老年投资人，千万不要只盯着自己周围人在投资什么？要多看看年轻人准备投资什么？因为年轻人才是未来的希望。

永不分红的股票 (2011 年 11 月 28 日)

by Bayfamily

今日中国股市重新回到历史低点。无论是银行股还是国企垄断股，PE 只有 5~10 倍之间。市场对股票低值的解释是，分红太低。永不分红的股票，价格再低都不是最低。因为企业的利润和我没什么关系，我更关心每年我能拿回多少。如果按照 Price/Dividend，股票价格还在天上。

跑到太平洋的这边，苹果公司股票如日中天，苹果公司有将近 1000 亿的美元现金在手，但是苹果就是不分红。按照中国人的逻辑，不分红的公司利润再高和我有什么关系？现金再多和我有什么关系？到底谁对，谁错呢？

按照经典的资产估价理论。资产价格等于未来企业红利折算到今天的价格，简单点，就是红利除以当前利率。当然公司的价格难以估量，是因为分子和分母的不确定性。因为红利不定，利率也不定。很多年前上金融学课的时候，号称全系最聪明的一个教授自我介绍，说他从金融界进入学校的动力是研究到底如何对公司进行估值，因为实在太难了。能破解此问题的，一定会是诺贝尔奖获得者。

你可能会说，公司有固定资产，如果不分红，最后股东把固定资产一拍卖，公司价格也不是零。且不说天下有没有过这样的实践，把正在盈利的公司肢解卖了。如果是一个没有固定资产的公司，比如租房子的软件公司，明天号称自己永远不分红，那么是不是无论业绩如何，其股票价值都是零？

　　似乎傻瓜都知道这样的公司不投也罢。因为其价格只取决于下一个傻瓜愿意出多少钱接盘。永远是个博傻的游戏。

　　可是现实的结果是，这样的公司价值不是零。过去不是零，将来也不会是零。这是抓破脑袋也想不明白的道理。因为这样的公司远在天边，近在眼前。就是人人都熟悉的黄金。

　　你买一吨黄金放在家里，永远不会有人给你一分钱的红利。黄金的内在价值 intrinsic value 几乎是零。这里说几乎，因为还有点首饰的装饰价值。黄金和艺术品一样，因为没有红利，没有估价依据。每一个黄金的持有者预测下一个投资人会以更高的价格买入，而下一个人又是期待下一个更高价格买入。其市场价格完全是博傻的过程，所以 1 万美元一盎司也合理，1 美元一盎司也合理。

　　要是想不明白黄金的话，想想邮票就明白了。邮票的 intrinsic value 只是一张纸，擦屁股都嫌小。一个不能产生红利的资产，其内在价值是零。博傻的游戏可以持续多久，永远没有人能知道。郁金香持续了几十年，邮票持续了上百年，黄金持续了至少 5000 年，最近又是波澜四起。

　　明白了这个道理，就再也不必想黄金或艺术品，它们的"合理"价格应该是多少了。博傻游戏里面，没有合理，只有"更"合理。如果你是个价值取向的投资人，无论是买房子，还是买公司，真正关心是红利。因为在博傻游戏中，人心的贪婪和恐惧，永远是未知数。有一天真的有人能发明博傻游戏中的数学模型，估计的确是能拿诺贝尔奖了。

　　如果不投资黄金这些老年人才喜欢的东西，那么是否应该像孙正义那样永远走在时代的最前列，去追逐最前沿的股票？我觉得对于普通人而言，显然不是一个好主意，因为风险太高。

对于普通人而言，生活中最大的财富其实就是自己的住房。除了自己的住房，还有就是在自己生活的城市购买一些投资房。最好的办法就是迁徙到最有潜力的城市去，搬到最有潜力的社区去。

这些是最简单的投资方法。我知道一位东南亚华裔美国人，他用简单得不能再简单的投资方法，把自己住的街区上的房子一栋一栋买下来。平时省吃俭用，等到有人卖房子的时候，他就买入。几十年后，等他买下三个房子之后，他就安安静静地退休了。

购买股票你很难得到内线消息，很多时候你只能从报刊杂志上去猜测公司的运营情况。其实公司的运营情况受太多因素的影响，外界人很难了解。而房子是你看得见摸得着的，如果你生活在这个社区里，应该说你比地球上任何一个财务经理都更加了解这个社区的房子。你不但了解这些房子的价格和租金，你还知道这些房子建造的一些缺陷。甚至你了解每一个竞争对手，因为你了解左邻右居都是什么样的人。有这么多丰富的知识不利用，实在太可惜了。

可是还是有人会说我不喜欢房子，我也不想管理房子。是投资房子还是投资股票，也是投资理财论坛上一个永恒争论的话题。其实两者殊途同归。在我看来，首先你需要了解自己是一个什么样的人。然后根据自己的特点，来决定买股票还是房子。我把这两个投资思路分别总结为"勤快人投资法"和"懒人投资法"。

第七章 懒人理财法

01 执行力

你不是算法机器，而是有血有肉活生生的人。很多人在做投资决策的时候忽略了这点。例如，当比较两个或多个投资决策的时候，人们最喜欢做的就是拿出 Excel 表计算投入的金额以及未来可能出现的回报。用内部回报率(IRR)、净现值(NPV)这样一些指标来评价一个投资的好坏。复杂一点的 Excel 表还可以做未来不确定性的分析，给出投资可能实现的回报收益范围。

然而这些表格的计算往往是无效的。一方面是因为市场有太多的不确定性，难以全部统计在表格中。另外一方面就是这些表格都忽略了人的作用，投资执行者的因素。同样一个投资产品，不同的人去执行，情况是不一样的。我把这一个现象归结为执行力。执行力用中国的一句老话就是知易行难。你明明知道这是一个好的投资产品，但是你就是没有办法做到。

我从自己投资北京房地产的例子深刻地明白了这点道理。我前前后后决定买北京的房子有四次之多。最接近成交的一次，连合同都签好了，只差我把定金打过去。但是就是因为各种阴差阳错的原因，我没有买下来。

而在上海我的执行力稍微好一点，主要原因是亲戚朋友给了我更多的帮助。在购买房地产上需要执行力，说白了就是自己是否勤劳。一个勤劳的人，在房地产交易上总体来说执行力会好一些。

而在股票市场上则不然。在股票证券市场上市场效率是很高的，一个消息出来价格立刻反映在股票价格的变动上。这个时候执行力就不是比你有多勤快，因为你再勤快也比不过计算机的速度。

股票市场的执行力就是你能不能按照一个事先想好的，而且是有效的策略，坚定不移地执行下去。当市场发生价格下跌的时候，人们出于恐惧总是不敢买入。当价格上升的时候也出于贪婪，总是喜欢追涨。计算机其实是股票市场上执行力最好的机器。一个固定策略放进去，如果不加人为干涉的话，交易就不会被改变。

在我十几年的投资经历中深刻领悟到了执行力的重要性。所以我把投资方法归结为两类，一类为懒人投资法，一类为勤快人投资法。

古人云知己知彼百战不殆。投资本质上是一个和他人博弈的过程。如果你对自己不了解，怎么能够在博弈中获得胜出呢？

人们经常犯的错误之一就是，明明自己是个懒人，但是投资选择去做一个勤快人该做的事。或者明明自己是个勤快人，但是去做了懒人要做的事情。一个人的性格和行动能力，是没有办法在 Excel 表格上找到合适的地方表达出来的。

我们先说一说懒人的投资策略。在股票市场中唯一的，在过去几十年甚至上百年的历史中能够长期保持不败的投资方式，就是用定投的方式买入股票指数。这是一个简单得不能再简单的策略。你不需要去预测明天股票是涨还是跌，只需要把自己的每个月存款拿出来买入股票指数就好了。

为此我专门写了一篇文章，叫"懒人十六年投资妙法"。根据这个投资法，十六年之后你可以永远有钱花，不但你有钱花，而且你的子子孙孙永远都有钱花。

懒人理财妙法 (2007 年 6 月 13 日)
by Bayfamily

投资理财实在累。往大了说，要通晓全球政治、宏观经济、利率变化、汇率调整、通货膨胀。往小了说，要精通当地经济产业变化、人口流动、好坏学区。往横里说，要领悟股票行情、期货石油、贷款种类。往上了说，要了解税收政策、教育基金、和形形色色的养老金。往后了说，要明白风险管理，预期回报。

十八般武艺，样样要精通。多年辛苦不算，一个不小心，一步走错，误判市场行情，就会竹篮子打水一场空。更有甚者，有时会不明不白让钱悄悄溜走了，或是白白地交给了山姆大叔。太累！太累！学着累，看着累，干着更累。

我这里授你一套懒人理财法。简单易学，什么人都能做到，包学包会、全部免费。让你年纪轻轻，逍遥自在。一辈子，不愁吃、不愁穿。还能荫及子孙后代，让他们也有这样的好日子。好了，废话少说。现在就教。我的懒人理财法，和程咬金的三板斧一样，就三招。一分钟保让你学会。

第一步，找一份工作。每月把 1/3 收入存下来。去 E-Trade 开一个交易账号(brokerage account)，把这 1/3 的收入买 SPY (S&P index)。

第二步，连续这样 16 年。

第三步，停止工作。每月从这个账号里，取出和每月工资一样多的钱。重复 16 年前的游戏。直到永远，子子孙孙，永不停息。

简单吧！是个人都会做。你要是相信我 Bayfamily 就此打住，不用再看了，赶紧去做，再看也是浪费时间。你要是对我还心有疑惑，那就接着看看是怎么回事。我的计算假设是你的工资每年涨 4%。S&P 的每年回报是 12%。详细的计算见附件。积累 16 年以后，你每年总资产的增值将超过你的工资收入。每年你就可以把增值部分当工资发给你自己，重复上面的游戏。直到永远。

我这里没有扭曲任何假设，S&P 的长期回报就是 12%。美国每年工资增长也就是 4%。你要是 20 岁用我的妙法，36 岁你就可以告别早九晚五的日子。自由自在，想干什么干什么。如果你不幸读了 PhD，30 岁才工作，没关系，你 46 岁就自在了，还有大把的好日子可以过。不但如此，当你去世了，你的孩子还可以将这个 game 玩下去。

用我的懒人妙法，你再也不用担心那些乱七八糟的理财的东西。通货膨胀？没问题，股票是对消通货膨胀的最好办法。要是有通货膨胀，S&P 只会涨得更快。

税法？没关系。你压根不用明白税法。什么 401K、IRA、Roth IRA、Roth 401K、529、Pension。什么避税、延税、增值缴税、本金补税。国会、总统都是一帮混蛋！不把我们老百姓搞晕，他们不高兴。统统 forget about it (忘记它)! 你就开个普通的账号。想什么时候用，就什么时候用，不然一会儿 60 岁能用，一会儿 70 岁必须用，一会儿可以继承，一会儿只能用作教育。都是王八蛋的规矩！统统 forget about it! 不要贪小便宜。你就按收入缴税，一点也不会影响你的生活。

钱会走路？没关系。钱爱往那儿走，往那走。你不要跟别人比，只跟自己的过去比。你每年的收入比上一年多 4%，直到永远。你生活在富裕的美国，你有什么可担心的。FED 涨利息？Who cares（管他呢）！你又不投资地产。股票是长线投资。爱谁谁！

Option、期货、汇率、个股，什么黑石、白石、大理石，什么微软、微硬、狗狗、猫猫的。统统 forget about it（忘记它）！

存不下来 1/3 的钱怎么办？绝大多数中国人，都是可以存不下来 1/3 的收入的。存不下来，是因为 401K 买的太多。你要是不存401K，不在湾区买房子。存 1/3 应该没问题。不幸住在湾区，你可以租房子吗。租个好学区的房子，又不贵，又自住。干吗把自己弄得像个奴隶。实在喜欢自己的房子？没关系，去德州吧。或者，16 年后再买吧。

S&P 涨跌起伏，怎么办？没关系。16 年的跨度来看 SPY 的回报还是很稳的。未来退休了，因为你有很大的 funds you can dip into（资产可以用）. 你每年的现金流可以很稳定。
看看坛子里个各位，都是人到中年了，还为了财富，疲于奔命，疲惫不堪。早用我的妙计，何至今天？就拿表版主来说吧，这么好的领导才能，胸襟开阔。不去竞选社区领导，当个什么州议员之类的官。整天跟我们混，忙着当房子的媒人，多屈才啊。

M 兄吧，有钱不去度假，偏要花钱买个房子让别人度假。脑子糊涂了？！英文这么好，看着像林语堂投胎转世。放着文学大师不当，偏要当地主。早 16 年前用了我的懒人妙计，现在不是一身轻松？谷米吧，博士生孩子，多不容易。不把心思放在孩子身上，偏要去 Texas 当远程地主。太辛苦。用了我的妙计，不是一劳永逸？

苇 MM 和喜 MM，天天担心钱会走路，忙着在北京和特区当地主。早用我的妙计，在家相夫教子。多好。石头前辈吧。八位数了，对社会奉献的够多了。还要在搭上十年弄个九位数。当代活雷锋啊！燃烧自己，照亮别人。那个紫 MM，诗写得这么好，理想主义和现实主义完美结合。放着李白杜甫的伟业不干，天天想着怎么发财。浪费社会资源啊。

图：投资回报计算表。假设第一年收入为10万。第16年，增值额=159.7x12%=19.2，大于18.0。单位：万美元。

投资年份	年收入	年投资存入	预期年收益	预期资金总额
1	10	3	12%	3
2	10.4	3.1	12%	6.5
3	10.8	3.2	12%	10.5
4	11.2	3.4	12%	15.1
5	11.7	3.5	12%	20.5
6	12.2	3.6	12%	26.6
7	12.7	3.8	12%	33.6
8	13.2	3.9	12%	41.5
9	13.7	4.1	12%	50.6
10	14.2	4.3	12%	61
11	14.8	4.4	12%	72.7
12	15.4	4.6	12%	86.1
13	16	4.8	12%	101.2
14	16.7	5	12%	118.3
15	17.3	5.2	12%	137.7
16	18	5.4	12%	159.7

还有那个湖兄，爱旅游，我知道，整天飞来飞去。现在定是当代徐霞客啊。用了我的妙计，用得着当地主么？那个农民，用了我的妙计，真当农民，多好。用得着争论 San Raman 到硅谷 Traffic(交通)好不好吗？直接往东奔 Central Valley 当农民去了。哪有 Traffic？那个宝玉，年纪轻轻，用懒人妙法还来得及。当地主，不轻松啊。

最后是我自己。误入歧途，把宝贵的时间浪费在"屁爱吃地"(PhD)上了。早 16 年用此妙计，现在不是轻轻松松，不用工作也可以开始我的一千万计划了。人生短暂，回头是岸。望诸位幡然醒悟，用我妙计，渡你到自由王国。

因为这篇博客文章开拓了大家的思路，回复意见比较多。于是我又写了一个续篇。

懒人理财法 -补充 (2007 年 6 月 16 日)

By Bayfamily

写了个懒人投资法，来了一大堆砖头、拳头、斧头、沙发、板凳。看来世上没懒人，个个都是精打细算的勤快人。要劝人懒不容易啊，我这懒人妙法的作者想偷懒都不成，还得写个补充说明。

有人说，这懒人实在难当，要有极高的心理素质。要泰山崩于前，不变色。股市跌了 50%，也敢接着买。各位评评理，我写的是懒人投资法，可没说是笨人投资法。要投资，就得有一定的心理素质，不然就干脆存 CD 得了。泰山崩于前不变色也没那么难，多经历几次泡沫就行了。美女倒于前而不变色，那才是真功夫，要东方不败才行。

还有啊，别忘了，我写的是懒人投资法。要是真正的懒人，连每月的报表都不用看，最好股市的行情毫不关心才好。有这个懒劲，就不需要心理素质了。把存入和买卖设置成自动的，16 年后，每月只管取钱。客观地讲，买 Index （指数）不需要太强的心理素质，2000 年泡沫崩溃的时候，也没见谁把退休金里的 index fund (指数基金)卖了。

宝玉批评我说，你的计算太马虎，没有考虑到回报的波动性。这个我承认。我常做大头梦，梦里什么都是马马虎虎的。长期 S&P 的平均回报的确是 12%，但好的时候会有 50%，差的时候也会跌 30%。提醒一点，12%是包含 dividend （红利）的。SPY 的 Dividend 每年是 1.7%，SPY 的年涨幅为 10.3%的样子。就像研究房产不能忽略房租一样，算回报的时候，别忘了红利。

183

较真地讲，光看年涨幅是不够的，你是每月买，所以要用每个月的数据。你要是再认真的话，可以用每天的数据，因为你得在发工资的那天买。无论你怎样算，平均下来，都是大约 16 年的样子。当然，碰上坏的年头，象 2000 年的崩盘，也许要 18 年。反过来想想，要是好的年头，不就只要 14 年了？

阿毛讲得好，我的懒人法是大的原则和方向，细节上你自己掌握。如果不放心，你可再多工作一二年，加一点保险系数。阿毛就很保险，打算干上 25 年，肯定进保险箱了。

还有人讲，SPY 不如其他的 Index funds。的确，其他 low cost index fund 也许会有一点点优势。比如很多几个大共同基金下的 index fund. 但有的时候，如果是非退休账号，这些 funds 的 trading fee 会高一些。开户也麻烦。懒人嘛，E-trade 最省事，小钱就让给别人吧。世上钱很多，不用想着每分钱都哗啦到自己口袋里。

401K 是个敏感的话题。说不得，一说就跳，跟老虎屁股呀、高压线一样，碰不得。你想想啊，大家都在人到中年，401K 辛辛苦苦存了十来年，日盼夜想地看着它长大，眼珠子都瞪圆了。谁愿意承认自己搞错了呢？

你要是已经人到中年了，奔 40 的人，或是 40 已过，想当个懒人，存 401K 吧，别指望五十以前退休了。401K 非常适合你。可也别存太多，冷静下来，仔细想想，这里的大多数人 20 年后会比现在更有钱，税率可能比现在还要高。普通账号里的股票只交 15%的税。401K 的可是要你交 marginal tax rate(边际税率) 25% 或更高。

如果你还年轻，25 不到，又想早退休。除了 company match（公司匹配）的部分，忘了 401K 吧。当然，如果你热爱你的工作，压根不想早退休，还是存 401K 吧。401K 适合 90%的人，但不是每个人。有自我约束能力、想早退休的年轻人，可以考虑其他的途径。

还有人讲，存 1/3 的收入太难，做不到。这点我不同意，不买大房子，不存401K，1/3 没有那么难。特别对于20 岁，没有家庭负担的年轻人。如果你实在想享受人生，及时行乐。你可以存20%的收入。那样的话，你需要 20 年的时间。

最后一点补充，就是你收入的增长。如果你是个天分不错，有野心的人，你的收入增长多半会比 4%要高。如果你预期的收入增长超过 12%。建议你什么也不用存，赶紧消费吧。任何积蓄对你而言都是让生活更悲惨。最好，借点钱来消费，花它个昏天黑地。别忘了，消费也是对社会做贡献，用不着有内疚感。

我写这篇文章到现在已经 13 年过去了，还有 3 年就可以实现财务自由。如果读者有兴趣的话，可以用过去这 13 年的收益，看看是不是像懒人投资法预测的那样。鉴于是懒人投资法，读者应该是懒得抬笔。所以我自己在这里算一下，呈现结果给大家看。下面是我用过去 13 年美国 S&P 股票指数价格实际计算出来的收益。看一看和我当初预测的差多少，结果让我都吓了一跳，因为太接近了。原来预测的是第 13 年你应该拥有 101.2 万美元，实际执行下来的结果也是 100.9 万。两者的差距不到 1%。恐怕你让你毛估一下你银行里有多少钱，都达不到这个精度。

大家习惯上总是在研读历史的时候，把一切当故事看。但是事实上历史形成的趋势是很难改变的。特别是那些一再被验证的历史。就像太阳明天会升起一样。我预测的投资结果和事实上的投资结果惊人的接近。

我的这篇懒人投资法大约有一万人的阅读量。然而有多少人看了这篇文章，去实施懒人投资法呢？我个人感觉是零，一个都没有。大家只是当着消遣看看热闹了，非常可惜。当然懒人投资法有它税务上的缺陷，更好的投资法是"不是那么懒的懒人投资法"。就是在这个基础上税务方面再优化一点，这里就不展开写了。

下面的这个计算的列表，左侧是原定计划，右侧是实际情况。

（万美元）

投资年份	年收入	年投资存入	预期年收益	预期资金总额	实际年份	实际年收益	实际资金总额
1	10	3	12%	3	2007	5%	3.2
2	10.4	3.1	12%	6.5	2008	-37%	5.1
3	10.8	3.2	12%	10.5	2009	26%	9.6
4	11.2	3.4	12%	15.1	2010	15%	14.5
5	11.7	3.5	12%	20.5	2011	2%	18.3
6	12.2	3.6	12%	26.6	2012	16%	24.8
7	12.7	3.8	12%	33.6	2013	32%	36.7
8	13.2	3.9	12%	41.5	2014	14%	45.6
9	13.7	4.1	12%	50.6	2015	1%	50.3
10	14.2	4.3	12%	61	2016	12%	60.6
11	14.8	4.4	12%	72.7	2017	22%	78.3
12	15.4	4.6	12%	86.1	2018	-4%	79.4
13	16	4.8	12%	**101.2**	2019	21%	**100.9**
14	16.7	5	12%	118.3			
15	17.3	5.2	12%	137.7			
16	18	5.4	12%	159.7			

我们再看看投资理财领域的另一个怪现象，就是大家都知道巴菲特是一个无人能敌的投资者，他是一个常年打败 S&P 股票指数的人。既然巴菲特是股神，为什么还会有那么多的人选择自己炒股而不购入巴菲特的股票呢？难道你真的觉得自己比巴菲特还要牛么？

为此我写了一篇文章，叫作"股神、401K，肥肉与凉水"。

股神、401K，肥肉与凉水 (2008 年 3 月 14 日)

By Bayfamily

　　Warren Buffett （巴菲特）到底是不是股神? 巴菲特的成就是叹为观止的， 在过去几十年里的投资回报是 22%，远远高于 S&P。如果你在 1965 年买了一万元的 S&P，那么现在是 50 万，如果你买了巴菲特同志旗下的 Berkshire Hathaway 的一万股票，现在是总市值为 3000 万。

　　但是巴菲特同志到底是不是股神呢? 发财有两种，一种是蒙的，一种是因为他们的确有过人的地方。可惜世上没有哪个胜利者承认他们是蒙的，胜利者总是能编出一套套伟大的理论来唬人。等你一实践就发现完全不是那么回事。光听他们说是不行的，要拿出数据来好好分析一下才可以。

　　当年我在拉斯维加斯的时候，曾经在轮盘赌桌前，连续看到庄家一口气开出 11 个红。试想一下，如果当时有人把一个筹码留在红框里，内急上厕所，十几分钟后回来，立刻就有千倍的回报。如果这个人，能吹能写，就也能编出一套伟大的理论，比如轮盘赌与泻药，或者什么轮盘赌三原则来蒙人。

　　要当赌神吗? Easy! 请记住下面三个原则: 第一要吃肥肉; 第二压下筹码立刻喝凉水; 第三，不要忘了以上两点。新一代赌神就诞生了。世上没有赌神，特别是在人对机器的时候，除非他出老千。市场有效的话，也不会有任何股神，可号称股神的人此起彼伏。

　　好了，现在咱们算算巴菲特靠运气的概率是多少，出老千的概率是多少。

　　S&P 的回报是 12%，年回报率的标准方差是 15%。假设正态分布和相同的 risk，根据伟大的高斯同志发明的公式，巴菲特完全靠运气,一年的回报率达到 22% 的概率是 25%。蒙中一次的可能性是 25%，40 年连续蒙中的可能性就小的可怜了，大概是 10 的

25 次方分之一。当然巴菲特不是连续的，需要改个办法算。总之，从统计上来看概率很小，千万分之一以下。可是这世上有千千万万的投资者，大家都是闭着眼睛投资，也会有人能蒙上。没了这个巴菲特，明天还会有下一个涡轮比肥。好像巴菲特同志没什么了不起的。好比我今天出门，不幸头中鸟粪。虽然是小概率事件，但人世间这么多人，总是有人能蒙上的。

毛主席说，做一件好事容易，难得是天天做好事。一天头中鸟粪是命不好，天天如果出门就被击中，你就得好好研究一下了。到底你家是在候鸟的迁徙路线上，还是屋檐下面干脆有个鸟窝。巴菲特同志认为他是屋檐下面有个鸟窝。反对意见的人说，如果价值投资如他所说的那样的话，岂不是人人效仿，个个都发了，凭什么就你有鸟窝。巴菲特同志说，我的妙法虽然简单，可惜很难模仿，因为你手上必须要大量的 cash，没有几个 billion 美刀在手，value 来了也轮不到你。

这话听着很耳熟，从小老师就说"机会是留给有准备的人的"。反对者再问，那你年轻时起步的时候，没有几个 billions，是怎么玩的？巴菲特答"因为我会研究，能发现 intrinsic undervalued stock，至少要 25%的 discount。全世界就你眼光好的话，我从来都不相信。这点上来看，我倾向巴菲特虽有过人之处，但早年运气好成分很大，盘面大了以后，可能的确摸索出一套别人难以模仿的办法。

我说了不算，小人物一个，要看市场是怎样判断他到底是不是有鸟窝在门口，到底会不会将来连续粪中前额。如果 S&P 的市场预期回报是 12%，在相同的 risk 情况下，如果市场对巴菲特的 Berkshire Hathaway 期待回报是 22%，那么现在就会有明显的溢价。据研究，当前的 Berkshire Hathaway 因巴菲特的市场溢价为 30%左右。30%和 22%的预期回报是严重不成比例的，假设 22% 的预期回报可以持续 20 年的话，现在的溢价应该是数倍，远远高于 30%。可见市场并不相信所谓的 value investment 的鬼话。或者市场预期他老人家明天就要断气，而且他的徒子徒孙们根本捡不起来他的 Value investment.

你可能会说，不对啊，市场不是有效的。我的 401K 可以买 S&P Index 和一大堆垃圾 mutral fund，但是不能买巴菲特的 Berkshire Hathaway，连他的 B-share 都不行。401K 里面的选择很少，不像税后的账号那样自由。

你看看，这就是你不对了，明明有 22%回报的基金你不买，为了税上面几个小钱，偏偏要去买 12%的 index。我来帮你算算账，假设你的边际税率是 30%（州+联邦），如果你买了 10K 的 SPY 在 401K，三十年后交 30%税后是 209K。如果你现在交了 3K 的税，买了 7K 巴菲特的 B-share，三十年后，再交 15%的 capital gain tax，你的回报是 2,319K。两者相差十倍，熟好熟劣，一目了然。现实中，大多数人选择了 401K，而不是巴菲特。我只能得出一个结论，大多数人，不相信巴菲特是股神，当大家拿钱说话的时候，觉得他那套理论和吃肥肉喝凉水的赌神没什么区别。

可我不这样认为，拿钱说话的时候，我相信他是股神，未来没有 22%，也得有个 16%，或者比 S&P 高上几个百分点。所以我已经不买 401K 了。

此文当然是娱乐性为主。主要还是想说在股票市场上自己要谦虚。逢低买进，逢高卖出，看起来很容易，实践起来比登天还难。

但是为什么股票市场上总是有无穷无尽的投资者在做短线交易呢？在我看来就是这些人太勤快了。勤快的背后原因可能是他们喜欢买进卖出的过程。在各种预期和刺激下享受快感。在股市里反复短线炒股的人和拉斯维加斯赌场的人并没有什么区别。他们并不是为了挣更多的钱，而只是在满足赌博一样的心理快感。

而那些中产阶级们呢，既然你们都知道巴菲特是股神，为什么你们不买入巴菲特的股票，而去持有那些莫名其妙的基金呢？

也是因为他们太勤快了。勤快到他们喜欢去比较各个基金过去历史上的回报。事实上，大部分人又不是那么勤快，他们不太知道各个基金的历史回报是用各种手段做了手脚的。美国股市经历了几百年的发展，有近百年的数据证明，唯一有效的投资策略就是投资指数的懒人投资法。

02 男人懒还是女人懒

投资领域不需要肌肉。我并不是带着性别歧视的原因。但是不得不说，男性总体适合投资房地产，女性适合投资股票。因为房地产投资牵涉到了很多动手的事情。比如房间需要做一些敲敲打打的修缮工作。下水道也许会坏了，屋顶也许会漏水，这些体力劳动相对来说男性更适合一些。

一方面是男性可以做这些事情，减少费用。另外一方面是当男性去和工程队讨价还价的时候，工人不太敢蒙男性。因为人们本能地觉得男性可能了解术语和工艺工程。就像修汽车一样，女性去修汽车被宰一刀的概率要远远高于男性。

而股票投资上不需要出卖体力。你只需要冷静的思维。在冷静的思维上，乍一看似乎男性比女性有优势。因为我们常说男性是理性动物，女性是感性动物。其实不是这样。男性往往盲目自大，刚愎自用，听不见别人的意见和劝告。一个男性是很难听从另外一个男性的劝告，这可能是写在我们基因里面的。

为此我专门写了一篇博客，就是炒股应该是听男人的还是听女人的？因为有学者把台湾过去几十年的证券交易全部历史调了出来，来观察男性和女性投资者谁的投资回报更高一些。

投资理财，听男的还是听女的？(2007 年 8 月 23 日)

by Bayfamily

  贫贱夫妻百事哀。很多人都是在结婚以后才意识到投资理财的重要性。夫妻共同经营财富固然好，三个臭皮匠顶个诸葛亮。可惜，在一个家庭里，常见男女一方各持己见，为一些投资问题争得不可开交。到底投资理财是听男的呢？还是听女的？

  男方多半是一家之主，喜欢控制，但爱面子，好大喜功。女方多半掌握财权，比较顾家，但有时缺乏战略眼光，太注重细节和心情的感受。每家都有本难念的经。我不想告诉大家明天谁该来管钱。拿数据说话，最近看了个很有趣的研究。其中的结果或许对你有所启发。先看股市投资吧。

  请看下图，大家知道，在股市上来回买卖越多，就输得越多。比如前几天，股市下滑到 12900 点，不少人弹冠相庆，庆幸自己在跌盘来之前全部变现了。可一转眼，股市就上升到 13200。现在一下子变成一脚踩空了。短期的股市起伏是无法预料的。频繁的买卖是注定要输的，除非你是天才。输多少呢？平均来看，一个月买卖五次比买卖一次每年要亏 10% 左右。

  好了，有了这个数据，我们再看看男女在股市投资的区别。男性由于自信，刚愎自用，自以为是，在 trading（交易）的时候，turnover rate（换手率）要比女性要高得多。单身男性比单身女性要高 30% 个百分点。不但如此，结婚的女性，由于受丈夫不良的影响，turn over rate 要比单身女性来的高。结婚的男性比单身的男性，turnover 要低，大概受到了太太的正确影响了。

  好了，再看看业绩吧。首先，炒股票的人回报比市场的长期平均回报要差。男的要比女的差。单身男的最差。单身女的最好。炒股实在不是男同志擅长的东西。可为什么男同志一个个奋不顾身呢？主要有以下几个原因：

控制欲。男性喜欢控制。不喜欢 Passive investment。不喜欢由别人掌握命运。

过分自信。男性比女性更容易觉得自己了不起（包括我）。更容易相信自己，相信自己知道的比实际知道的要多。

情绪化。男性比女性更容易冲动。无论是买进还是卖出。当然，这也是情有可原，不会冲动的男性，没有后代，早被大自然淘汰了。

好了，总结一下。投资理财，到底是听男的，还是听女的？要看投资什么。投资股票，需要懒人、被动的人、有自知之明的人，女性比较合适。投资房地产，需要勤快人、不辞劳苦的人、会控制别人的人、会修修补补的人、和租户打官司的人，男性比较合适。

现实情况如何？大千股坛，男性居多。我爱我家，女人为主。可怜，可惜，可叹。

在股票市场上，总体来说女性的投资回报更高一些。就像在赌场里男性的赌客比女性要多一些一样。女性的赌徒心理会比男性总体上稍微轻一些。而赌徒往往是盲目自信的，这些都是投资证券市场上需要特别忌讳的。

非常遗憾，如果你观察事实上市场上的情况，你就会发现炒股人群大部分是男性，而女性更加热衷于买卖房屋。至少中国人是这样，很多女性有筑巢的心理，房子给女性带来安全感。而股票买进卖出，像打麻将一样给男性带来的是心理刺激。在股票市场上，你交易次数越多，越勤快就会输的越多。还是回到本章一开始的那句话，投资首先你需要了解自己。知道自己是个什么样的人。懒人有懒人的投资办法。勤快人有勤快人的投资办法。

第八章 勤快人理财法

01 淘粪工

在投资理财的论坛上，有两个永远争议的话题。除了前面讨论过的投资房子好还是投资股票好，另外一个就是生活在德州好还是生活在加州好。大部分的意见都是根据自己的人生经验做出的。生活在加州的人永远觉得加州好，就像投资房地产赚了钱的人就会鄙视投资股票的人。投资股票的人赚了大钱，就会嘲笑投资房产的是"淘粪工"。淘粪工是投资理财论坛发明的特殊语言。大体就是因为如果房子的马桶堵了，很多小房东会选择亲力亲为给房客通马桶。后来投资房产的人干脆自我嘲笑，称自己为淘粪工。

在各种投资的杂志上，永远也是有无数的文章比较股票和房地产的投资，到底哪个更优更劣？这个话题在我看来是用 Excel 算不出来的。因为到底投资哪个，完全取决于你住在哪里，你是一个怎样的人，你的投资到哪个阶段了？下面就这些问题有必要一次性地说清楚。

总体而言，房地产投资的回报和通货膨胀基本一致。在美国过去 200 年的历史上，房地产的投资回报率大概是在 4%左右，而股票的投资市场的平均回报率是在 10%~12%左右。所以猛地一看你会觉得股票的投资更好一些。

然而我想说，如果你是一个勤快人，世界上几乎没有什么投资能够超过美国的房地产投资了。如果你连这个问题都没有想明白，那你需要好好补补课。这主要有下面这些原因。

一、政府低息贷款

股票投资原本是比房地产投资更好一些的，有更高的回报率。可惜投资不单是资产增值的问题，还牵涉到国家的法律税收以及政府补助。

现实的状况，房子的投资总体回报会胜过股票，是因为政府给你担保，可以让你贷到大额、低息、长期的贷款。这些贷款的利息还可以用来抵税。这样可以大幅提高你房地产投资的杠杆。没有杠杆的房地产投资是比不过股票投资的。如果你保持 5 倍的杠杆，那么 4%的年增长就会上升为 20%。投资其他任何行业，都不可能拿到这样的长期低息贷款。政府贷款的利息之低贷款条件之优厚，几乎跟世行给发展中国家的贷款差不多。这样的贷款不用白不用。也是因为有这样的贷款才导致了股票不如普通住宅地产投资。

二、信息对称

股票投资总体来说，对投资人而言信息是不对称的，除非你有某个公司特别的内线消息。当然你搞内线交易是非法的，这点上似乎印证了我们老中隔三岔五总有人东窗事发被抓起来。没有特别的信息渠道，在投资的博弈过程中，你是博弈不过那些职业投资经理的。

因为在股票市场上，几乎所有人都比你掌握更多的信息。你只是一个业余投资人，公司的 CEO 以及公司的职员获得的信息都要比你多得多。因为这个原因，所以投资个股即使赌中了，也只是你的运气好而已。你没有把你的风险计算到回报中去。所以投资股票你只能选择投资股票的总体指数。就好比如果你投资房地产，就必须投资美国整体房地产指数一样，那将不会是一个很好的回报。

房地产投资商个体散户投资人拥有大机构职业经理没有的信息优势。同样一个社区的房子，这个房子和那个房子在统计数据上可能非常接近。比如它们有相同的面积，相同的年代，甚至相同大小的院子。但一个是在山坡之上，一个是在山坡之下。一个可能是在马路边有比较大的噪音，一个是在社区的深处安静又安全。他们的价格就会很不一样。这些信息大机构的职业投资人是没有的。相反倒是生活在该社区的人有着很大的信息优势。

职业投资人投资房地产还有一个劣势就是他们拿不到你能拿到的政府补贴。在贷款这些事情上，你能拿到低息贷款，甚至比大机构能够拿到的利息更低。而且你的利息可以用来抵个人所得税，而他们的利息却只能够抵消投资的收入。

三、跑道优势

前面我说过房地产是一个黏度非常高的市场。也就是说是个市场效率偏低的市场，市场的信息不会立刻 100%充分反映在价格上。一个工厂要迁入了这个地方的房价不会立刻一步涨到位。

即使卖家想把价格一步到位涨到应该的价格都不可能。因为正在售出的房子，买家往往是需要贷款的。贷款评估不允许你把未来的价格一下子计算进来，因为银行是要根据最近刚刚成交的价格而给出合理的估价。

比如亚马逊要迁入某个社区，建立一个集团总部。按理说这个地区的房价也许应该涨两倍。事实是这个社区的房价的确会上涨，但是要通过半年或者一年的时间慢慢涨到两倍的水平。因为就在信息公布之后的第二天购买房子的人，他们购买的房子需要银行进行估价评估。而估价评估只能根据过去的交易历史来进行估价。所以这个时候他们最多比历史的市场价格稍微高一点，也许是 10%，也许是 20%。再高的话银行贷款部门是不会接受的。

所以在这个有黏度的市场里，个体投资人比机构投资人更有优势。股票市场里有一个叫做"抢跑道"的概念。跑道宽，卖的时候第一个卖掉，买的时候第一个买到。机构投资人在股票市场上有很大的优势，因为他们的跑道宽。

在房地产市场上一个房子的买入需要很多法律文件的支撑。个体房子的投资者，他们可以绕过这些法律的条条框框。个体投资者在法律框框上比机构投资者更有优势。各个国家的政府，无论是中国的还是美国的，都希望个人持有自住房的比例能够高一些，所以总是给出倾向性的鼓励，特别对于首套自住房购买者。

四、经营风险可控

房子的投资本质上是一个小生意(Small business)，并不是一个被动投资。因为它是一个小生意，所以你拥有灵活经营权。比如你可以把一个房子一分为二。然后把两个房子分别出租给不同的人。或者你买入一个院子比较大的房子，你可以在后面加盖一个住房。这样你可以克服市场充分竞争效率带来的阻碍。

这里的"市场充分竞争效率"，我指的是根据微观经济学，当市场竞争充分的时候，所有的价格已经反映了市场的所有信息。所以一个房子的租金收入和未来房价增长的预期就会全面地反映在房子的价格上。

当你把这个房子的投资当成一个生意来经营的时候，你可以主动选择一些策略来提升你拥有的房地产的价格。上面说的就是这样的例子。其他的例子还有，比如你能找到比市场价格更低的Handyman 帮你修房子，你有更好的眼光，能够挑到比市场平均水平更优质的租客。

五、用他人的钱

房地产的投资还可以给你的融资带来更大的灵活性。钱的目的就是要生钱，而钱生钱的秘密就在于滚雪球。钱之所以能滚动起来，就是因为你能获得更多的资金投入。最早期的资金投入可能来自你省下来的每一分钱，但是后来的资金投入最好的办法就是来自房产抵押的融资。

股票投资没有这个功能，你没有办法把自己的股票押出去，让银行给你更多的贷款。即使银行给你贷款你也不敢要，因为股票的价格波动太大，当资不抵债的时候，银行会随时收回你的贷款，或者让你增加更多的抵押品。如果你没有办法增加更多的抵押品，银行就会强制平仓。

房地产则不然。当房价增值之后，你可以把房子做新的按揭贷款，把房子净值里面的现金拿出来，用这个钱去购买新的房子。

举一个例子，十几年前当我购买第一个房子的时候，我几乎用光了两年所有的存款。可在我购买第 8 个房子的时候，我没有从口袋里掏一分钱，都是用银行的钱。我只是把已经升值的房子直接做了抵押再贷款（refinance），用100%银行的钱而买入了一个新的房子。

未来几年后，随着这个新房子的价格或者租金继续上涨的话，那我还可以用这个新房子，再加上原来的那个房子，再买入两个房子。这就是滚雪球的效应，这个效应在股票投资里并没有。

当然你可能说，我可以卖掉一个股票，挣了钱，再购买下一个股票啊。你别忘了税，如果你盈利了，你需要交税。事实上股市里比较好的策略也是长期持有。但长期持有很难做到有滚雪球效应。

为了更好地说明这个滚雪球效应，我还发表了一篇博客文章，叫作勤快人投资法。

勤快人理财法 (2007 年 7 月 7 日)

by Bayfamily

会走路的钱

上次写了懒人理财妙法。名字没起好，错在"妙"字上。一叫"妙法"，就有了妖法的嫌疑。你看，宝玉、黛玉都是好玉，这个妙玉就心术不正，不怎么妙了。所以这回叫理财法。因为是针对勤快人的，纯粹是个笨办法，毫无妙处可言。

我的理财法，不适合各位热爱 401K 的同志。请做如下逻辑分析，来判断是否需要接着看下去。

a=我不是个高度自律的人；b=我年事已高；c=我热爱本职工作；d=我打算坚守岗位到 60 岁，最好能再发点余热；e=我是个懒人，

如果 a，b，c，d，e，符合任何一条，看了也没用。就像当年"文革"时上大学，地、富、反、坏、右，一票否决，没戏了。因为快速积累财富对你毫无意义。下面的程序完全是废 Code，运算多了，不单加大大脑 CPU 的负担，还容易造成 memory leakage（内存泄漏）。当然了，要是为了扔砖头锻炼身体，或是投手榴弹保卫祖国，还可以接着看。

勤快人的法子在理想条件下，是 10 年达到 financial free（财务自由），20 年资产达到年工资的一百倍。听起来够吓人的吧！

爱因斯坦的相对论够吓人的。完美的理论来自一个简单的假设："光速在真空中不变"。我的勤快人笨办法也只有一个简单的假设，"每年找到一个 even cash flow（现金流打平）的房子，房价有 8%的年增长。"不要忙着对假设下结论，听我讲完。实在受不了这个假设，可以 Go to End（跳到最后）。

好了，鉴于你是个勤快人，光在这里看我的唾沫星子是不行的。拿出你的笔和纸来，或者打开你的 Excel，算算在这个假设下，会发生什么样的结果。首先，每年存 30%的收入。

第一年，用存下来的收入，付 20%的首付，买第一个房子，出租。

第二年，用存下来的收入，付20%的首付，买第二个房子，出租。

第三年，用存下来的收入，付20%的首付，买第三个房子，出租。

第四年，把第一个房子的 equity（净值）借出来，加上新存下来的30%的收入，付20%的首付，买第四个房子，出租。

第五年，把第二个房子的 equity 借出来，加上新存下来的30%的收入，付20%的首付，买第五个房子，出租。

第六年，把第三个房子的 equity 借出来，加上新存下来的30%的收入，付20%的首付，买第六个房子，出租。

第七年，把第一个、第四个房子的 equity 借出，加上新存下来的30%的收入，付20%的首付，买第七个房子，出租。

第八年，停止。除非你一辈子想做勤快人。要想过上好日子，得明白为什么要赚钱。当房东很累，要想过上好日子，必须学会从勤快人变成懒人。要是只想 financial freedom（财务自由），第八年，第九年，安心守着房子过日子，第十年开始卖出，因为你的 passive income（被动收入）已经超过你的工资收入了。要是为了一千万，需要一路滚雪球玩下去。二十年以后，你会有一千万。

附件是 10 万年收入的参考答案。总共有三个表，要对着看。表的内容我就不解释了，勤快人嘛，自己算算，再对着看看、好好想想就明白了。

数字是否精确的意义并不大，懒人理财法是 power of compounding（复利的力量），勤快人理财法是 leverage（杠杆）加上 power of compounding。懒人财富是指数成长，勤快人是爆炸性成长。

好了，下面再谈我的假设。

很多人看见这个假设，马上会跳起来说你 Bayfamily 是做梦，上哪找这样的好事。我承认，这样的好事难找。勤快人吗，应该通晓全球经济变化。要拿出湖兄的精神，到处找项目。凭良心说，这样的好事并不是 mission impossible（不可能的任务）。湾区过去 25 年平均房价涨幅为 7.8%。只要你不是特别倒霉，买的全是大泡泡，达到平均水平就够了。或者用 dollar average 的办法，逐年买进。中国过去 10 年里，年涨幅也超过 8%。勤快人嘛，通晓全球经济，追踪热点地带，努力找，是可以的。

住在中西部的朋友，实在找不到 8%，也可以按 5%的增幅，中西部也不需要 20%的 down payment （首付）来实现 even cash flow。有更大的 Leverage，财富的增长才是惊人的。看看石头就知道了。

马上有人会问，湾区没有正 cash flow 的项目，这我也承认。现在是没有了。但过去有，通常是买了房子第三年的样子可以有 positive cash flow （正现金流）。我的计算为了简便起见，如同热力学的卡诺循环，是热力学第二定律下的极限。没有正的 cash flow，开始的时候，你需要多贴些现金。会对增长有些影响，但不大。有耐心的人可以自己算算。其实，找不到 cash positive 的也不要紧，只要缺口不是太大，30%的存款里，拿出 10%来喂鳄鱼嘴，20%来投资，财富也能爆炸性增长。

有人说，每月存30%的收入太难，相当于50%的税后收入。不买 401K，不住大房子，存 30% 不难。实在还想不明白，干脆自己租房子住算了。房子是用来投资的，不是用来住的。切记，切记！

工作收入可以不高，但一定要稳定。稳定的 10 万元年收入，比不稳定的 12 万元年收入要好得多。有了稳定的家庭收入，才可以有大的 leverage （杠杆）。第七年以后，可以不用再往里面贴现金了。再也不用存 30%的收入。第八年，就可以过上好日子了。

还有就是房子的管理问题。7 个房子，哪里管的过来？勤快人吗，多跑跑吧。要想自己不累，找到一个好地方，买同一个小区的房子。别天女散花的买的到处都是。

如果猛地一看，懒人要 16 年退休。勤快人也得十年退休，好像划不来。干脆当懒人算了。其实不然，勤快人的办法增长速度很快，懒人是指数成长，勤快人是爆炸性成长。两者在一开始差别不大，到第四年以后，就大大地不同了。懒人的办法很难达到一千万，勤快人一路忙下去的话，十五到二十年左右可以达到一千万。懒人得一直存钱，勤快人后来完全是用别人的钱。

风险是个问题，这个玩法一点也不新鲜。爆炸性增长嘛，和董存瑞扛炸药包一样，风险当然是大大的。一路成功的例子很多，但不少大富豪也玩得倾家荡产。如果掌握得好的话，风险并没有想象得可怕。特别是一步一个脚印、逐年买进的话。

最后加一句，钞票永远少一张，房子永远少一间。长年当勤快人对身心健康大大地不利。各位别忘了急流勇退，在适当的时候，由勤快人变懒人，享受人生。

勤快人理财法比懒人理财法效率更高。在理想条件下，差不多 10 年可以实现财务自由。但是该法就是要求投资人勤快一点，需要把投资当成一个事情来做。外部条件就一个，你需要找到一个地方房价能够每年实现 5-8%左右的升值。这个说难也难，说容易也容易。

这个文章写过之后的十年里，我基本上是按照勤快人理财法这个原则来管理自己的投资的。我自己当时能够喊出"普通人家十年一千万"也是基于这样的计算。在过去的十几年里实践下来，我也基本上实现了这个投资法里指定的一些目标。

这个投资法有两点需要注意。一个就是保持杠杆。房地产投资的秘诀就是要保持杠杆，因为有了杠杆，才能够在总体投资回报率比较低的情况下，实现比较高的现金回报率(cash on cash)。

然而这点是被很多业余房地产投资者所忽略的。他们购入一个房子，看到房子的价格增长了几倍，就每天沉浸在欢乐里。并没有想着要从这个房子里的 equity 拿出钱进一步去投资。能够沉浸在欢乐里，是他们不再因为钱的事情而担心。房租收益大大多于房贷和房产税的支出，有了正现金流，或者正现金流越来越高，他们会把这个正现金流当成额外的收入，拿来支付自己的日常开支。

殊不知"生于忧患，死于安乐"。当自己沉浸在快乐里的时候，也就是自己的投资收益下降的时候。房价涨了固然是件好事，但是随着房价的增长，你的杠杆下降，你的投资收益也在一天天的下降。

另外一方面由于现金相对宽松，你不再精打细算，不再在意你的房租收益。很多时候你可以看到年纪大一些的房地产投资人，他们会十几年都懒得给房客涨房租，只要房客老老实实地不给他找麻烦。因为那个房子可能他早已付清，或者收到的房租已经远远大于他所需要的房贷支出。

这个现象在今天中国的一线城市里非常普遍。你经常能够看到突然一夜暴富起来的中国中产阶级，出国的时候和海外华人细数自己家有多少房子，值多少钱。其实他们的资本回报率现在已经下降到很低的水平了。因为长期来看，房价的上升不可能一直是两位数的高速增长。房价的上升对于一个地区和一个国家，基本和 GDP 的上升是持平的。每天躺在偶然原因堆积起来的功劳簿上，那些偶然暴富起来的人们，在下一个 20~30 年的循环里，又会渐渐归于平庸。就像当年山西煤矿的那些煤老板一样。

不信，下次你再碰到这些国内土大款，问问他们知道今年的资产回报率跑赢了 S&P 指数了吗？他们中间的大部分人恐怕只知道自己家房子值多少钱，没人知道今年自己的资本回报率是多少，更不要说他们会意识到自己的资本回报率在持续走低。

房地产投资，一定要长期保持杠杆。关于这件事情，2007 年，我也专门写了一篇博客文章。

投资地产往往不如股票(2007 年 10 月 11 日)

by Bayfamily

猛地一看题目，大家可能在想 Bayfamily 又在忽悠大家了，一会说房产好，一会又反过来说地产不如股票，拿大家开心。非也，非也。

我不过是大实话，对于大多数人来讲，长线来看，地产不如股票。原因很简单，绝大多数人没自己想象的那么勤快。讲讲几个典型的地产投资的例子。

案例一：我刚搬到我现在的这个社区的时候。一个很好的老太太，对我语重心长地说，"买房子投资，不合算"。我当时觉得惊讶，她房子买的时候是 30 万，现在卖掉是 80 万，为什么她会说这样的话。

案例二：文学城名人，A-Mao 阿毛的丈母娘。丈母娘在上海有多处房产。阿毛建议她把房子卖了。因为根据聪明的阿毛计算，回报并不理想。丈母娘不同意。这是疯狂的上海，难道是聪明的阿毛错了？

案例三：helloagain 老兄，转帖大千股市牛人帖<<股票与房地产投资回报比较>>。以旧金山为例，用 90 万贷款来购买房子，三十年后是 720 万元。用同样的利息，30 年每年 4 万 6000 元的投入被放在股市中，30 年下来的结果将是 827 万元。股票比房产好。

案例四，自己的例子。我去年在上海买的房子，30%的首付，今年价格涨了 80%。一年的回报是 240%。四年前买的房子，同样是 30%的首付，价格涨了 300%，四年的回报是 900%。投资股票是不可能在同样的风险情况下，取得这样的回报的。

这四个案例都是聪明人做的。计算没有错误。为什么会有不同的结论？我为什么说对很多人来讲，地产不如股票呢？

明白 Corporate finance（企业财务）的人，知道有个概念叫 target D/E ratio（目标债务净值比）。什么是 target D/E ratio 呢？D 就是 Debt，债务。E 就是 Equity，业主的权益，通俗地讲就是股票市场总值，E 是每天随市场变的。大多数公司都会保持一个 D/E 的目标。就是 Target（目标）。即使是不缺钱，也都借钱来满足 D/E 的比例不变。

拿 Microsoft 来讲，根本不缺现金，可它还是会举债。有的公司为了满足 D/E 的比例固定，借了钱没地方花，干脆举债给股东来发放红利。公司股票上涨，CFO 第一件事就是赶紧举债，这在我们看来都是不可思议的事情。不缺钱，为什么要借钱呢？但为什么公司会这么做呢？难道是 CFO 的智商低，发疯了？

除了税上面的考虑外，公司满足固定的 D/E ratio 是为了保持固定的 leverage。大家知道，赢利等于 Profit Margin（利润边际）乘以 Leverage。只有固定的 leverage，才会有稳定的赢利。

投资地产和开公司一样。公司的事情太复杂。说说房产大家就明白其中的道理了。

首先第一点，地产的长期回报不如股票。美国长期的地产涨幅是 4-5%的样子。股票是 12%。如果是全部现金买房子，股票当然要比地产的回报要好。房产之所以胜过股票是因为 leverage。房价每年涨 4-5%，如果保持 3 倍的 leverage，那回报就是 12-15%。

问题是很多人不知道，也没意识到要长期地、持续地保持 leverage，要有 target D/E ratio。这就是为什么，很多人在投资地产的头几年，会有很大赢利。但长期回报不好，因为他们没有保持固定的 D/E ratio。房价涨了，E 大了，没有 refinance (再抵押贷款)，Leverage 就会消失。房产的回报就会下降， 不如股票。

回到前面的案例：

案例一：老太太，说的没错。15 年前，投资 30 万在股市，今天不止 80 万，回报会更好。她的问题是住了三年，就把房子全付清了。没了 leverage. 当然不如股市。

案例二：A-Mao 的建议没错。阿毛的丈母娘的房子也全付清了。没有 Leverage，中国的房子长期涨幅应该和 GDP 一样。即使是上海，房产也不如股票。

案例三：helloagain 老兄，旧金山 30 年的例子。房子涨价，10 年以后，房价涨一倍，leverage 消失。后面 20 年自然不如股票。

案例四，自己的例子。前期的高回报是因为 leverage。四年前买的房子随着房子的涨价，已经快没了。长期来看，回报会逐年降低。正确的做法是卖掉，或 refinance，保持 leverage。

这就是为什么我说房产对很多人而言不如股票的道理。投资地产，要不断地举债，不停地贷款，很多人没有自己想象的勤快。中国人有无债一身轻的习惯。这恰恰犯了投资地产的大忌。大多数人，任房价上涨，leverage 的消失，无所作为。少数人，像这里的小小石头，Va-Landlorad，jy101，不断地贷款，保持 Target leverage，最终成为大地主。

还是那句老话，勤快人投资地产，懒人投资股票。投资股票要真正的懒人。投资地产需要真正的勤快人。征服世界前，先要了解自己。

看官会问，Leverage 是双刃剑。关于这把双刃剑，请听下回细细分解。

02 房租是用来滚雪球的

勤快人投资理财法，除了自己要勤快。对于很多人来说，最难的地方就是你需要找到一个每年房价上涨 5%~8%之间的地区。这样的地区其实并不难以找到。前面我说过一个地区土地的价格基本等同于名义 GDP 价格的上涨。因为地只有那么多地，所以随着 GDP 的上涨，单位土地的价格也就会按照同样比例上涨。

这点生活在中国的人会有清晰的感受。因为美国 GDP 的增长比例没有那么高，所以人们对土地升值感觉并不明显。而在中国经历了快速增长，所以人们能够清晰地感到土地增值带来的好处。比如在中国的浦东新区，在改革开放之初以及浦东开放之后。很多人在浦东建厂经营。这些在浦东经营自己企业的人，过了 30 年之后基本上分两类。一类是赚了很多钱的，一类是什么钱也没有赚到的。

这时你就会好奇，同样是经营，比如一个纺织厂，为什么有的人发了财挣了很多钱，有人却辛辛苦苦忙了三十年，什么钱也没有挣到呢。他们的区别就是有的人租用了别人的工厂，有的人购买土地建了自己的工厂。

其实经营传统行业的人很少从行业本身能够挣到大钱，因为市场充分竞争。即使挣到了一点钱，大部分又投入扩大再生产去了。有些人挣到的一点小钱，赶紧找银行按揭贷款购买了厂房。有些人就是不敢迈出这一步，有点钱忙着买设备搞扩大再生产，结果是公司有一天没一天的惨淡混着，常年租房。

三十几年过去了，很多行业完全从上海被淘汰了出去。因为随着劳动力价格的上涨，土地价格的上涨，这个行业已经变得完全不挣钱。但是那些拥有厂房的人，他们一拆迁就发了财。那些租赁厂房的人企业关闭了，企业主只能欠着一屁股债，东躲西藏的。

在上海张江高科技园区也是一样的。最早进入园区的几个生物公司，购买了大量的厂房、办公楼和实验室。随着土地价格的上涨，现在他们只需要把自己的办公楼和实验室租给后面来的生物公司，他们就可以挣钱了。所以公司经营做什么不要紧，关键的是利用公司经营这件事获得土地。

勤快人投资法也是一样的，房租的收入并不是你真的需要赚取的收入。房地产投资的人不要本末倒置。房租的收入只是用来支付贷款的利息，你并不需要把贷款还清。事实上也没有人傻到节衣缩食地把贷款还清。房租和贷款只是你做房地产投资的手段。甚至房屋本身都不是你要的，房子只是工具和手段。因为房屋的设计会过时，房屋的装修过些年会变得破旧。

你真正的目的是获得房子下面的那个土地。房客、房租、房产税、保险、房贷、利息、维修、通马桶这些都只是让你持续玩房地产这个游戏中的一部分。

03 哪里土地升值最快

在全球化的今天，特别是在我们能够到世界的各个角落自由走动的今天，找到持续上涨 5%~8%回报率的房子并不是很难。前面我说过，韩国人找到了北京的望京，台湾人找到了上海的古北。其实，你只需要跟着地区走，选择 GDP 快速增长的地区。比如湾区的几个城市，GDP 的增长一直处在 8%的水平上。

另外一种就是跟着重大的基础设施的建设走。跟着重大基础设施建设，这一点在中国尤其重要。没有哪个国家，像中国在过去 20 年里，基础设施建设获得这样大的飞速发展。

上海从只有一根地铁线到世界上最长的地铁线路的城市，只用了 20 年的时间。每兴建一个地铁线，在规划公布出来的时候，你就购入这个地铁站附近的房子就好了。地铁还没有盖出来之前，这里的房价不会一步上涨到位，因为租金还没有涨上去。

等地铁站建好了，租金上涨就会推动房价的上涨。这个时候你房子涨价了，你就把钱从银行里贷款出来，再去买下一个地铁周围的房地产就好了。我是在 2008 年前后看明白了这个道理。我专门写了一篇文章，叫作"投资上海主轴线"。在我的"普通人家十年一千万理财计划"的第七年总结里，又再次明确了这个投资方法的操作模式。

投资上海的主轴线 (2010 年 1 月 13 日)

by Bayfamily

网上铺天盖地的都是中国房地产是否有泡沫的帖子。大家一夜之间都成了宏观经济的专家。无论是小市民还是专门靠讲评书吃饭的。泡沫的讨论本来是娱乐性大于科学性的。什么人的话，都不要太当真。别忘了，当年的格林斯潘，2004 反复讲，看不出美国是否有房地产泡沫。你想想，美国的统计数据这么好，连他老人家在房产泡沫几乎最高峰的时候都浑然不知。其他人的话，基本都是在蒙。

本文是工程师看的帖子，就是所谓的技术帖。分析一下，如果你买房子，如果是投资买房子，在上海，你应该买哪个地段的，哪里的升值空间最大，哪里最能够抗击风险。投资这个事情，要动态看问题。千万不能老眼光。君不见，今天的新闻，GM 中国汽车的销量超过了美国的销量，可仅仅在 2004 年，中国的销量只有美国的 1/10。当时不知道福特、克莱斯勒这些厂商都是怎么想的，投资嘛，战略重要。看地段更是。

先给大家看张图。这是 10 年后的上海。大家看了之后，什么感觉？无论是老上海，还是从来没有去过上海的，首先第一感觉一定是震惊。今年上海轨道交通世界排名第四。10 年后，上海轨道交通的总里程会超过纽约和伦敦，成为世界第一。密密麻麻的地铁网。到底投资在哪里好？买哪里的房子最保值？

首先谈地段。地段不是一成不变的。100 年前的人民广场是很荒凉的地方，20 年前的浦东陆家嘴是没人要的地方。2008 年你在临港弄块地，现在就发了。如果你今天还是墨守成规，只认识淮海路、外滩，就会丧失更有潜力的地段和新的活力中心。

投资房子，特别是用来出租的房子，我们只关心两个因素，一个是租金多少、是否稳定，一个是升值空间。8 年前，我认识一个在复旦大学周围收购老公房出租给大学生的。当时他已经买了十套，被我很不齿地嘲笑一番，觉得他不务正业。现在看看，他选的区很对。那里既有稳定的租房市场，又有新人口的涌入。

租金的多少和交通的便利和是否有新的人口进入这个区域直接相关。在这点上，传统的浦西社区远远赶不上浦东和西面的新兴区域。交通的便利，未来上海一定是以轨道交通为主的。外环线以内，基本交通工具只能是轨道交通，开车是不现实的。内环和中环的价格区别会被打破。但是离地铁站 100 米还是 800 米，会有很大差价。尤其是对于租客来说。

轨道交通未来的主轴线一定是二号线。未来城市的发展，都和这条线路息息相关。好比是人的脊椎，其他线路是这条线路的辅助。为什么这么说呢？二号线的东西是新的大虹桥区和浦东新区，东西的末端分别是浦东机场和新建的虹桥枢纽。虹桥枢纽是未来上海链接周边城市的中心。在浦西这边是金融、贸易密集的南京路、人民广场，在浦东这边是陆家嘴和市政府，和迪斯尼。百货公司前五名，有四家集中在这条线路上。张江是新上海人的集聚地，南京西路和陆家嘴集中着金融业的金领和白领。这个轴线上中山公园之类的副中心，就不提了。

如果我要投资，一定是要在这个最重要的轴线上。曾经辉煌过的一号线，和它最先带动起来的莘庄和城市的西南地区，渐渐会落伍。淮海路，只会是过去遗老遗少的梦想所在。一不会有新的就业，二不会有新的人口涌入。

不是说其他地段没有机会。上海很大，城市基本是按照摊大饼在向外辐射，机会也很多。比如每个地铁交汇的地方，都是很好的机会。但是如果从大的区域来分析，这条线路是最好的。毕竟作为小的投资人，最多也就买几套房子。

这条线上最西段（大虹桥，华漕）和最东段（川沙），曾经是在人们心目中很遥远的地方，价格也偏低，但是也是 2009 价格增长最快的地方。如果 2010 房市出现回调，也应该是下跌最多的地方之一。投资机会很多，二号线通过中心城区的地方，集中的密密麻麻的很多老房子和没有小区的单体公寓楼。租金坚挺，很多新白领在这条线路上找不到房子租。这些都会成为未来投资的首选地段。

美国没有经历这么多的基础设施建设。但是就我熟悉的湾区而言，还是有一些变化的。湾区城市最大的变化就是 gentrification（士绅化）。

这里我不想介入种族和社会公平方面的讨论。一个投资人切记你只是一个投资人，并不是一个政治家。我们需要做的是观察社会未来的变化，然后根据这个变化作出正确的投资策略。改变社会是其他人的使命。如果你实在喜欢改变社会，那就还是先站稳脚跟，先赚点钱再说后面的宏伟蓝图。Gentrification 这个变化是否合理，是否公平，以及是否反映正确的社会发展方向，这是政治家要做的事情。我们小老百姓无法改变这些。

Gentrification 现在发生在 San Jose（圣荷西）、Oakland（奥克兰），以及旧金山的一些社区里。这些社区本来是一些低收入人群为主的社区，比较破烂。但是随着一些比较好的社区房价增长到一定的程度，人们受不了高昂的房价，就会搬到这些低收入社区来。这些社区中产阶级比例增加，安全和卫生条件就会改善，然后会加速吸引更多的人搬到这些社区里，实现Gentrification。

Oakland 在 100 年前本来是个白人城市，后来随着非裔的涌入，白人中产阶级渐渐搬出。80 年代最高峰的时候，Oakland 几乎一半是非裔人口。最近这些年随着旧金山的房价高涨，越来越多的中产阶级白人被迫搬到 Oakland，导致该城市非裔人口持续下降。一旦某个社区白人中产阶级人口达到一定比例，大家就会感到安全，会吸引更多的中产阶级的涌入和非裔的迁出。这个基本上就是 Gentrification 的过程。

所以当你观察到一些社区开始有迹象发生 Gentrification 的时候。你就应该考虑买入这里的房子。比如对于 Oakland 来说，West oakland 的房价远远低于一站地铁之隔的旧金山，也是 Gentrification 变化最激烈的地方。当一些看上去蛮体面的中产阶级出现在 West oakland 的时候，你就应该果断抛弃对传统黑人社区的偏见，到这里购房。

一个地区的业态、一个城市房价、一个社区的人口不是永恒不变的。这个世界上永恒不变的只有永恒不变这一现象本身。

一个社区对另外一个社区的房价最终都会产生影响。不可能一个社区的房价一路狂飙，而紧邻着的另外一个社区常年价格不动。一个社区房价对相邻社区房价的影响我总结下来叫作 real estate infiltrating（不动产渗透）。就是一个社区的价格上涨了，最终会让这个社区的低端人口选择迁出。而他们迁出的首选是附近的相对便宜的社区。

Infiltrating（渗透）的物理过程是这个样子的。由于某种原因出现了一个较富裕的人群，比如一个公司的 IPO 上市了。较富裕的人群，购买这个昂贵社区的房子，会引起房价的上升。房价上升了，这个昂贵社区中端或者低端收入的人就会负担不起，被迫迁出。迁出的人会到临近的稍微便宜一些的社区，然后在这个社区制造同样的现象。新的社区低端人口会进一步迁徙到更低端的社区去。这就是为什么，高端的白人学区房涨价最终肯定也会带动暴力丛生的非裔社区的房价上涨。

反过来的过程也是一样的，当经济衰退的时候首先受影响的是中低收入的人群。中低收入的人群会因为付不起房租或者付不起房屋贷款而不得不搬走。临近相对富裕社区的低端人口，就会到这些比较便宜的社区来。富裕社区的人口流出就会减少这些地区住房的压力，引起房租和房价下降。所以即使富裕社区的人没有出现失业或者破产，没有拍卖房屋的情况，富裕社区的房价也会下降。

一个城市的所有的社区都是持续不断地在这样的变化中循环进行。你要做的就是判断社区变化的规律来实现最大的获利。

04 勤快人与懒人倒置是灾难

前面我讲了，股票投资是懒人应该做的事情。如果是一个勤快人去投资股票，大概率会演变成为一个灾难。因为他很快就会变成赌场里的赌徒。当然我这里说的不是所有的人，因为毕竟有个别的人天生具有特别的禀赋。我不想一竿子打翻一船人，所以我这里只是想说绝大多数兼职的普通投资者炒股都变成了灾难。

赌场里的赌徒都很勤快，他们不吃不喝，经常是通宵达旦地忙碌。可是最终一无所获。如果反过来，一个懒人去做勤快人应该做的房地产投资会发生什么呢？

也就是说如果一个懒人投资房地产会怎样呢？以我的观察多半的结果就是他还不如去投资股票。投资房地产最常见的问题就是有这么几个现象：

一、没有实现滚雪球效应，躺在功劳簿上。长期的财富增长率只能维持在 3%~4%左右。2005 年，就像前面我说的，当年我搬入美国买入的第二个房子的时候，碰到那个要搬回北京的老太太跟我说的"买房投资不合算"的故事。

那个时候她正要搬走，当时她在我们的社区已经居住了 10年。她拉着我的手跟我语重心长地说，在美国房地产投资不划算。因为刨去各种成本和开销，她发现最后持有房子 10 年居然没有挣到什么钱。因为房价只涨了 50%，远远不如股市。

我写了一篇文章来说明她的观点。她说的都是对的，这些数据也都是真实的。最主要的是她把自住房和租房混为一谈。另外她不是特别勤快，一切维修都要请他人。她没有用杠杆。在她居住期间，没有碰到房价的大起大落。她还没有开始投资游戏之前就退出了这个游戏。

二、勤快人投资法，另外一个犯错误的现象就是勤快人太勤快了。整个投资的杠杆率过高，当出现大的经济滑坡或者一个投资失误的时候满盘皆输。

中国有句老话叫作"胜者为王"。2008 年金融危机来临的时候，我也写了一篇文章叫作"剩者为王"就是"剩"下的"剩"。房地产投资胜利成功的一个奥秘就是用时间和复利战胜一切。这就需要你能够坚持一直玩下去。

剩者为王 (2008 年 7 月 6 日)

by Bayfamily

先讲一道投资的智力题。假设你到赌场玩轮盘赌，你长得很帅，发牌的小姐不幸看中了你，帮你在机器上出老千。你事先知道出现红的概率是 60%，出黑的概率是 40%，永远不会出 0 和 00。你手上有 100 元现金，你可以下任意大小的赌注（只要你有钱），假设这位小姐只当班半天，你只有 100 次下注的机会。怎样下注才能够赚到最多的钱？

趁着你想的功夫，我来讲讲当前的房地产投资。

常言道，胜者为王。在当前的经济形势下，现在是剩者为王。无论是美国还是中国，对于很多房地产的企业而言，根本不需要你在强者中胜出。你能在这次大的危机面前剩下来，就是王了。

中国在能源价格攀升，劳动力成本上扬，信贷紧缩的背景下。无论是沿海东莞式的民营企业，还是大的国企，日子都不会好过。房地产公司更是如此。房地产公司有的已经开始打肿脸充胖子，借高利贷以应付短缺的现金流。我知道的就有一家最近在借 5%的月利息，饮鸩止渴地过日子。大家前一阵子救灾骂房地产商捐款太少，其实他们自己也穷得可怜，等着别人救济呢。

大家关心房地产。中国的房地产公司，现在就是一个典型的剩者为王的格局。没人再关心业绩的成长，或者去成为新的地王。房地产老板们现在脑子里只有一个想法。现金，现金，上哪里去弄更多的现金。银行的信贷现在卡的很死，很多天价标来的地目前都只是付了一个定金。没有银行支持，渐渐地开始有人宁可损失定金地也不要了。

大的社会环境大家都明白，无论是中国还是美国，都是一个通货膨胀抬头的时代。通货膨胀的时代，如何胜出呢？

先从理论上讲，根据经典的房地产理论，除非是 Hyperinflation，在稍高的通货膨胀时期，房价是新房跌，旧房持平或微涨。你可能会问，为什么票子不值钱了，房子反而会跌。新房子会下跌，是因为银行贷款的原因。在较高的通货膨胀阶段，银行紧缩银根，会引发房地产开发商的资金危机。房地产商会在因为资金的原因平仓出货。旧房子会微涨，是因为房租上涨的原因。通货膨胀，房租上扬，Cap Rate（租售比）上升，引发既有建筑的价格上调，你去打开任何一本商学院房地产的教科书，都会告诉你这个现象。

实践上如何呢？有的时候，我觉得中美的经济也越来越同步。美国就不提了，大家都知道。中国的房子，特别是新建的房子价格现在开始下跌。即使在上海，外围的房子在下跌，市中心的房子不知道能够坚持到什么时候。好像完全在重复美国的过程。在中国，手上房子多的，可以稍稍减仓，特别是没有租金支持的房子。一旦跌起来，排山倒海的样子会很壮观。有租金的房子，用不着担心，特别是针对普通老百姓的房租。上涨的房租会把房价推到一个新的水平。

没有房子的，或者是要进一步投资的人，建议可以稍稍等候一阵子。未来的几年里面是个剩者为王的年代。作为普通的工薪阶级的投资者，大多数都不会有现金流的问题，人人都会成为剩者，但要成为"王"，还是要动一番苦心。当然要想在这场盛宴中分一杯羹的话，就要看各位入市时机和投资规模的把握了。手上有现金的人，中美两国都会有 dirty cheap(特别便宜)的 Asset（资产）等着你。

回到刚才的智力题，这是一个看似简单的问题。但却是每一个投资者都应该明白的道理，就是如何平衡投资回报和风险的关系。风险最高的方式是把100元一直压在红上面，100变200，继续押200百在红上面，200百变400百，继续押400⋯⋯这样下去，一直到100次。你有0.000000001%的可能性赢得一个天文数字的回报。当然实际的结果是可想而知的，估计你在第三次或第四次就出局，损失100元。

风险最小的办法是每次押一元钱在红上面，押一百次。你的回报是 20 元。风险虽然是零，可回报太小。白白浪费了千载难逢的好机会。

聪明的投资者会在两者之间选择一个平衡点。最好的平衡点是在最大可能的赌注情况下，保证自己能继续玩下去，不浪费这 100 次机会。比如永远只押全部手上的三分之一的现金。

房地产不是一个零和的游戏。大胆投入的时候，要让自己永远能玩下去。不要打光自己筹码。玩了一百次，还能剩下来，你就是王了。

长期投资就像火车运行一样，保持高杠杆当然可以让列车运行得更快一些。可是列车运行得过快，它的稳定性和抗打击能力就会变差，一旦有风吹草动，资金链崩溃就会导致满盘皆输。

这一点在 2008 年经济危机的时候表现得尤其明显。我在美国 2002 年买的第一个房子的同一个小区里，有一个中国人。他当时一下子买入了三个投资房。房价高涨的时候，他非常的开心。房价跌了 20% 的时候，他就觉得压力无比的沉重，每天惶惶不可终日。当房价跌到 50% 的时候，他就只能清盘退出。

当时这个社区的房价，我买入的时候是 40 多万。涨到最高点的时候曾经达到 73 万。下跌的时候最低点曾经达到 26 万。经济危机结束牛市来临的时候，房价又从 26 万一路涨到 65 万。

你可能会问，下跌的时候你不用理它，只要捂住楼盘不就完了吗？事实上你是做不到的，这里面有几个原因。

主要是你自己的心理会发生变化。你会觉得这个时候如果把房子卖掉，我可以把银行的贷款都还掉，然后可以用现金在更低的点买入一个房子。

事实上这么干的人不在少数，有一部分人采用了更为稳妥的方式：就是先买入一个新房子，再把自己的房子短售还给银行。

其实，现金流的计算很简单，像所有的商业活动一样，revenue and cost（收益和成本）。主要就两个因素。一个是mortgage，一个是租金。拿邓爷爷的话，这是由国际大气候、国内小气候决定的。

可以利用宏观大气候 来实现正现金流：

1）利率下滑，Interest payment（利息支出）下降。（我朋友的例子）

2）经济好转，通货膨胀，租金上调。（谷米的建议）未来几年很有可能。

也可以利用具体地区、房子的小气候来实现现金流。

1）Upgrade（翻修）。比如小小石头的第一桶金，买个破房子，upgrade 后，涨租金。

2）Duplex 是个好办法。比如我这位朋友和东门庆 shnn88 买的不是 duplex，可策略相同。

3）Interest only mortgage（只付利息的按揭）。这个办法湾区很流行。

4）加大首付，改变功能，变度假房 miat42 的建议。

5）Play with rent control（玩租控屋）。XX 的建议。

总结这么多，天上掉馅饼的事情是很难遇到的。要投资房产的朋友，不要妄想会有静态的好项目等着你。如果你觉得房价看涨，可以用以上手段在运动中做到正现金流。不过，运动的方向要搞对，要看清形势，不要站错队。房价要是跌的话，正现金流可以让你安心等待，等待下一个激动人心的时代的到来。

房地产投资和股票投资一个显著不同的地方就是房地产市场可以 timing（踩准市场机会），这在前面，我一再说明了。股票是无法 timing 的。股票市场价格反映了全部的已知信息，所以只能用懒人投资法，采用定投的方法。

房地产市场可以用趋势 timing。除了我上面说的趋势办法之外，还有一个重要的指标，就是房地产市场和股票的波动挂钩在一起，

这样的研究很多人已经做过了，明确表明了房地产和股票的相关性。房地产价格的变化，通常要比股票价格的变化晚上半年到一年左右。这个规律在中国、美国、日本、香港、欧洲都被屡次证明。当然也不是 100%的准确，只是大体有这样一个规律。

股票价格上涨之后，早期投资人的收益增加了，他们会选择落袋为安，挣到的钱最终是要改善生活的。所以这些钱最终会流入房地产市场，推高房价。不信你去看看华尔街的那些年终奖，最终都流到哪里去了。很多华尔街工作的金融界人士年终奖金的梦想就是买个曼哈顿的公寓。

当股票市场价格下跌之后通常会引发经济危机，钱包会缩水，失业率会上升，于是房地产市场也会跟着衰落。股票比实体经济大约提前半年到一年左右，因为股票价格反映的是对未来的预期。房地产价格是实体经济好坏之后的结果，所以房地产价格要滞后于实体经济，因为人们有工作之后才会有钱去买房子，

2007 年的时候，中国股市大爆发，由于各种原因，资金迅速进入股市，一路推高股价到新高，这个时候投资理财论坛上很多人在讨论是否要去中国购买股票。我写了一篇文章，用股票和房地产的关系来解释，此时不是买股票的最好时候，而是买房子最好的时候，

如何在中国股市大发横财（2007 年 4 月 29 日）
by Bayfamily

中国股市屡创新高，满仓的欢呼跳跃、空仓的望洋兴叹。股市的前景难以预测，即使是泡沫，也可能越吹越大，没有人知道

何时会破灭。市场已完全失去理性,大家不关心公司的盈利,赌的是还有多少傻子愿意冲进来玩击鼓传花的游戏。

无论你做多、做空,同样风险巨大,赚钱的多半是靠运气,赔钱的是因为时运不济。企业的总利润比每年政府收的印花税还少,市场完全是赌场,和在 Las Vegas(拉斯维加斯)押红押黑没什么区别。

可如何利用这个赌场发财呢? 我先给你讲个故事。

这个故事可能很多人都听过。历史上,加州的第一个百万富翁叫 Sam Brannan, 他是在 1848 年的 Gold Rush(淘金热)中大发横财的。他之所以成为百万富翁不是因为挖到了金子,他根本就没去挖金子。1848 年,当发现金矿的消息传来,所有人往山里去的时候,他连夜赶回旧金山,把所有五金商店的工具一扫而空。当旧金山的人一窝蜂去挖金子的时候,他靠卖五金工具发了。去挖金子的人,反而没几个发财的。

中国的股市,已经创造了二万亿人民币的财富。市场不可能永远这样疯狂下去。当一切平静、盛宴结束的时候,上证指数,有可能稳定在三千点, 也有可能是一万点、还有可能回到一千点。这不重要,就像买 Sam Brannan 工具的人能不能挖到金子,对 Sam Brannan 而言,根本不重要。我只知道,将有上万亿人民币的资产要从这个人手里,转到那个人手里。有人是赢家、有人必是输家。

谁是赢家、谁是输家呢? 历史经验告诉我们,有钱人是赢家,普通人是输家,老手是赢家,新手是输家。台湾的历史数据研究表明,大机构是赢家,小股民是输家。在中国,沪深两地的老股民是赢家、内地的新股民是输家。

中国股市的日成交量达到三千亿元。每月的印花税、手续费达到 600 亿,一年 7000 亿。沪深两地的证券公司、基金经理今年是大赚特赚。我估计最终财富转移到这两个城市的总量将在万亿元以上。这可能是中国历史上，最大的一次财富大转移。而这万亿人民币最终回落入两地的金融行业的从业人员和成功的个体投资者。

如果你今年突然有了一千万，你会怎么办？是继续赌，挣下一个一千万呢？还是保值为先，留着大头再说呢？我觉得大多数人会选择后者。在中国，如何保值呢？答案只有一个，房子。

所以我告诉你，沪深两地的房子，特别是高端的房子一定会大涨特涨。万亿人民币的财富，数千亿的佣金，加上 5 倍的贷款 leverage，会把两地高端的地产筹码一扫而空。

股市只要再有几个震荡，赚钱的老手们感到要落袋为安的时候，这笔钱就会立刻砸在地产市场上。证券公司、基金经理的分红通常在明年初，那时，这笔钱也会结结实实地落在房市上。

今年年初，当美国房市一片萧条的时候，纽约的楼市异军突起。为什么？华尔街分红也。华尔街的大红包，去年年中的时候就已十分明显了，可房市却等到他们分红之后才开始涨。提前入市的人，是坐地等着收钱。

几年前，当 Google 要上市的时候，报纸杂志、主流媒体在不停争论，到底应不应该 bid（投标），是 bid 80 美元，还是 120 美元的时候，有人就开始在 Cupertino 购房静候了。因为无论上市结果如何，他们是最后的赢家！

今天中国的股市和所有这些盛宴一样，你只需静静地等在食物链的末端，财富就会乖乖地钻进你的口袋。

勤快人理财法基本的内容就是这些。勤快人适合房地产投资，而房地产投资需要做好以上的几个注意事项。但是无论如何，任何人都是有惰性的。时间一长总是会懒散。怎样才能一直保持一颗勤劳勇敢的心呢？这就是要想明白，自己为什么要投资？（上册完）

www.ingramcontent.com/pod-product-compliance
Lightning Source LLC
Chambersburg PA
CBHW031926190326
41519CB00007B/425